GOLDBILANZEN-VERORDNUNG UND VORZUGSAKTIEN

Zur Frage der Rechtsgültigkeit der über sogenannte schuldverschreibungsähnliche Aktien in den Durchführungsbestimmungen zur Goldbilanzen-Verordnung enthaltenen Vorschriften

Ein Rechtsgutachten
von

DR. HEINRICH TRIEPEL
Geh. Justizrat
ordentlichem Professor an der Universität
Berlin

Berlin und Leipzig 1924
EREINIGUNG WISSENSCHAFTLICHER VERLEGER
WALTER DE GRUYTER & CO.
vorm. G. J. Göschen'sche Verlagshandlung
Guttentag, Verlagsbuchhandlung ~ Georg Reimer ~ Karl J. Trübner ~ Veit & Comp.

GOLDBILANZEN-VERORDNUNG UND VORZUGSAKTIEN

Zur Frage der Rechtsgültigkeit der über sogenannte schuldverschreibungsähnliche Aktien in den Durchführungsbestimmungen zur Goldbilanzen-Verordnung enthaltenen Vorschriften

Ein Rechtsgutachten
von

DR. HEINRICH TRIEPEL
Geh. Justizrat
ordentlichem Professor an der Universität
Berlin

Berlin und Leipzig 1924
VEREINIGUNG WISSENSCHAFTLICHER VERLEGER
WALTER DE GRUYTER & CO.
vorm. G. J. Göschen'sche Verlagshandlung
J. Guttentag, Verlagsbuchhandlung ~ Georg Reimer ~ Karl J. Trübner ~ Veit & Comp.

I.

Auf Grund des zweiten Ermächtigungsgesetzes vom 8. Dezember 1923 (RGBl. I, S. 1179) hat die Reichsregierung unter dem 28. Dezember 1923 eine Verordnung über Goldbilanzen erlassen (RGBl. I, S. 1253), die im folgenden kurz als Goldbilanzenverordnung (GBV.) bezeichnet werden soll. Die Verordnung bestimmt, daß Kaufleute, die zur Führung von Handelsbüchern verpflichtet sind, von einem gewissen Zeitpunkte ab das Inventar und die Bilanz in Goldmark aufzustellen haben, und daß spätestens für den 1. Januar 1924, oder falls das neue Geschäftsjahr mit einem späteren Zeitpunkte beginnt, für diesen Zeitpunkt ein Eröffnungsinventar und eine Eröffnungsbilanz in Goldmark aufzustellen sind (§§ 1, 2). Für die Eröffnungsbilanzen der Aktiengesellschaften, der Kommanditgesellschaften auf Aktien und der Gesellschaften mit beschränkter Haftung sind in § 4 ff. besondere Vorschriften gegeben. Unter anderm werden im § 5 bestimmte Maßnahmen angeordnet, die vorzunehmen sind, wenn bei jenen Gesellschaften das bei der Aufstellung der Eröffnungsbilanz nach Abzug der Schulden sich ergebende Vermögen den Betrag, das heißt den Nennbetrag, des Grundkapitals oder Stammkapitals („Eigenkapitals") übersteigt oder hinter ihm zurückbleibt. Für den ersten wie den zweiten Fall werden mehrere Maßnahmen zur Auswahl gestellt, so jedoch, daß sie auch miteinander verbunden werden können. Es ist z. B. vorgesehen und wird in der Praxis das Gewöhnliche sein, daß der Betrag des Eigenkapitals, wenn er größer ist als das bei der Binlanzaufstellung sich ergebende Vermögen, entsprechend ermäßigt wird. Diese wie die andern zugelassenen Veränderungen des Eigenkapitals werden als „Umstellung" im Sinne der Verordnung bezeichnet (§ 7).

Bezüglich der „Durchführung" ihrer Anordnungen enthält die GBV. im § 20 folgende Vorschrift:

> „Die Reichsregierung wird ermächtigt, die zur Durchführung dieser Verordnung erforderlichen Rechtsverordnungen und allgemeinen Verwaltungsvorschriften zu erlassen; sie kann Ausnahmen von den Bestimmungen der Verordnung zulassen und, soweit es sich als notwendig erweisen sollte, für besondere Fälle allgemeine Anordnungen ergänzenden oder abweichenden Inhalts treffen sowie auf der Grundlage der für Aktiengesellschaften, Kommanditgesellschaften auf Aktien und Gesellschaften mit beschränkter Haftung geltenden Bestimmungen die Bilanzierung, Umstellung und Neugründung anderer Arten von Unternehmungen in Goldmark regeln."

Auf die hier vorgesehenen Durchführungsbestimmungen wird auch an anderer Stelle der GBV. hingewiesen. Es heißt in § 8:

„Das Verhältnis der mit den Aktien und Geschäftsanteilen verbundenen Rechte zueinander wird vorbehaltlich näherer Regelung in den Durchführungsbestimmungen durch die Umstellung nicht berührt."

Auf Grund des § 20 der GBV. erging zunächst unter dem 5. Februar 1924 eine kurze Durchführungsverordnung (RGBl. I, S. 49), die bis auf weiteres verbot, aus Anlaß der Umstellung von Aktien- und ähnlichen Gesellschaften die Zahl der Aktien oder Geschäftsanteile zu vermindern. Der Erlaß allgemeiner, auf den §§ 8 und 20 der GBV. beruhender Durchführungsbestimmungen wurde im Februar d. J. zunächst durch Aufstellung eines sogenannten Referentenentwurfs vorbereitet (s. den Wortlaut in der „Frankfurter Zeitung" Nr. 151 vom 26. Februar 1924). An dessen Stelle ist im März d. J. ein in wesentlichen Punkten abgeänderter zweiter Entwurf getreten (s. den Text im „Berliner Börsenkurier" Nr. 122 vom 12. März 1924). Nachdem auch dieser manche Änderungen erfahren, die indessen für das folgende Gutachten nur zu kleinem Teile Bedeutung besitzen, sind die Durchführungsbestimmungen als „Zweite Verordnung zur Durchführung der Verordnung über Goldbilanzen" mit dem Datum des 28. März 1924 in Nr. 75 des „Deutschen Reichsanzeigers" vom selben Tage veröffentlicht worden. Sie tragen die Unterschrift allein des Reichsministers der Justiz, obwohl sie nach ihrem Eingange von der „Reichsregierung" stammen. Ob dies Verfahren völlig korrekt ist, soll hier nicht weiter untersucht werden.*)

In der Verordnung finden sich im Art. IV, der die Überschrift: „Behandlung von Aktien, Geschäftsanteilen und Genußscheinen bei der Umstellung" trägt, neben anderen Bestimmungen besondere Vorschriften über die Behandlung von sogenannten Vorzugsaktien. Von diesen Vorschriften kommen für das nachfolgende Gutachten in erster Linie die des § 28 in Betracht, die sich auf Aktien beziehen, „bei denen der Anteil am Liquidationserlös sowie im Falle der Einziehung nach § 227 des Handelsgesetzbuches der Rückzahlungsbetrag auf einen Hundertsatz des Nennbetrages beschränkt ist". Es handelt sich dabei um Vorzugsaktien, wie sie insbesondere von der Allgemeinen Elektrizitäts-Gesellschaft zweimal, nämlich im Jahre 1920 und im Jahre 1921, im Nennbetrage von je 250 Millionen Mark ausgegeben worden sind, Aktien, die hier zusammen gegenüber den Stammaktien im Betrage von 1200 Millionen Mark fünf Siebenzehntel des Grundkapitals ausmachen. Die „Vorzugsaktien" der AEG erster Emission haben vor den Stammaktien ein Vorrecht auf einen Gewinnanteil von 6%, die der zweiten Emission ein Vorrecht auf 5% auf die geleisteten Einzahlungen, die letzteren jedoch außerdem einen Anspruch auf einen zusätzlichen Gewinnanteil von je $^3/_8$% für jedes Prozent, das die Gesellschaft über 10%

---

*) Bei der Ausarbeitung des Gutachtens lag mir der zweite Entwurf vor. Die jetzt erlassene Verordnung hat nur geringfügige Abänderungen meines Textes erforderlich gemacht. Ich erwähne das, um das Datum des Gutachtens verständlich erscheinen zu lassen.

hinaus auf die Stammaktien als Gewinnanteil zur Verteilung bringt. Abgesehen von diesen Rechten haben diese Vorzugsaktien keinen Anteil am Reingewinn. Bei einer Liquidation erhalten ihre Inhaber aus dem Liquidationserlöse, bevor eine Ausschüttung an die Stammaktionäre erfolgt, einen Anteil bis zur Höhe von 115% des Nennwerts der Aktien zuzüglich etwaiger rückständiger Vorzugsgewinnanteile; der überschießende Betrag fällt den Stammaktionären allein zu. Vom 1. Januar 1925 ab hat die Gesellschaft das Recht, die Vorzugsaktien mit 115% ihres Nennbetrags zuzüglich etwa rückständiger Vorzugsgewinnanteile sowie 6% laufender Stückzinsen zurückzuzahlen (§ 6 der Satzung).

Die Vorzugsaktien erster Emission fallen also unter die Kategorie jener Aktien, die im § 18 der dritten Steuernotverordnung vom 14. Februar 1924 (RGBl. I S. 274) und in § 26 des ersten Entwurfs der Durchführungsbestimmungen zur GBV. — übrigens nicht mehr im zweiten Entwurfe und in der Verordnung selbst! — mit dem Namen „schuldverschreibungsähnliche Aktien" bezeichnet worden sind. Dagegen paßt diese Bezeichnung auf die Vorzugsaktien zweiter Emission erst, seitdem in § 26 des ersten Entwurfs im Gegensatz zum Text der dritten Steuernotverordnung das Merkmal der nach oben festbegrenzten Dividende entfernt worden ist.

Die Durchführungsbestimmungen haben nun für die Behandlung dieser Aktien bei der Umstellung zwei verschiedene Wege vorgezeichnet. Man kann den einen den Weg des strengen, den anderen den des billigen Rechtes nennen.

Nach s t r e n g e m Rechte gilt, von Einzelheiten abgesehen, folgendes. Als Norm ist zunächst die Vorschrift des § 28 Abs. 1 zu beachten. Danach darf der auf die Vorzugsaktien der fraglichen Art entfallende Teil des auf Goldmark umgestellten Grundkapitals den in Goldmark umgerechneten Wert der auf sie geleisteten E i n l a g e n nicht übersteigen. Die in § 27 gegebene allgemeine Regel, wonach in allen Fällen, in denen „für einzelne Gattungen von Aktien verschiedene Rechte festgesetzt worden sind", der Anteil jeder Gruppe an dem auf Goldmark umgestellten Grundkapital dem Verhältnisse beider Gattungen zum Nennbetrage des gesamten Aktienkapitals entsprechen soll, ist für die „schuldverschreibungsähnlichen Aktien" n i c h t als generelle Norm gedacht; sie gilt nur dann, wenn auf solche Aktien Einlagen entsprechend dem Kurse oder Werte der nach den allgemeinen Bestimmungen umzustellenden Aktien geleistet worden sind (§ 28 Abs. 3). Im übrigen aber soll der § 27 für die „schuldverschreibungsähnlichen Aktien" eine Begrenzung des Höchstmaßes darstellen. So wenigstens nach der, wie ich höre, „offiziellen" Auslegung der Verordnung durch ihre Verfasser; nach der äußeren Gliederung der Vorschriften würde man das Gegenteil vermuten können. Wenn also der in Goldmark umgerechnete Betrag der auf jene Aktien gemachten Einzahlungen höher ist als der, der dem Verhältnisse der Nennbeträge der Aktiengattungen entspricht, so darf der Anteil der Vorzugsaktien t r o t z § 28 Abs. 1 n u r in Höhe des letzteren Betrags bemessen werden. Nimmt man als Beispiel die Vorzugsaktien der AEG, deren Nennbetrag sich zum Nennbetrage des Gesamtkapitals wie 5 : 17 verhält, so darf bei der Umstellung der Anteil der Vorzugsaktien — falls man von der Möglichkeit der Anwendung des § 28 Abs. 3 absieht — auch dann nicht mehr als $^{5}/_{17}$ betragen, wenn die auf die Vorzugsaktien geleisteten Goldeinlagen mehr als $^{5}/_{17}$ der Gesamteinlagen ausmachen. Ist der nach alledem errechnete Anteil am Grundkapital, der auf die Vorzugsaktien entfällt, geringer als der Betrag, der nach § 27 auf sie entfallen würde — also nach dem vorigen Beispiele geringer als $^{5}/_{17}$ —, so ist der überschießende Betrag dem auf die anderen Aktiengattungen entfallenden Teile des Grundkapitals hinzuzurechnen (§ 28 Abs. 6). Umgekehrt hat die Verordnung auch einen Mindestbetrag festgesetzt, der im Falle der Liquidation der Gesellschaft oder im Falle der Amortisation jener Aktien der Berechnung des Hundertsatzes zugrunde zu legen ist. Er darf nicht hinter fünfzehn vom Hundert des Goldmarkbetrags (§ 4 Abs. 2 der dritten Steuernotverordnung) zurückbleiben. Endlich haben die §§ 29 und 30 der Durchführungsbestimmungen die Vorschriften des § 28 mit gewissen Abweichungen auf einige andere Aktiengattungen ausgedehnt. Von diesen Anordnungen wird im folgenden zunächst abgesehen.

Neben die Normen des „strengen Rechts" setzt die Verordnung ziemlich unvermittelt eine Billigkeitsklausel. Wenn nämlich die Anwendung der im Vorigen wiedergegebenen Vorschriften zu einer offenbar unbilligen Härte für die Gesellschaft oder die Aktionäre führen würde, so kann eine anderweitige Festsetzung unter billiger Berücksichtigung der Interessen der Beteiligten getroffen werden. Diese Festsetzung soll durch eine von der Reichsregierung noch zu bezeichnende „Stelle" erfolgen, die ohnehin im Streitfalle oder auf Antrag der Gesellschaft den auf die Aktien der fraglichen Art entfallenden Teil des Grundkapitals zu bestimmen hat. Die Festsetzung nach Billigkeit setzt also offenbar die Anrufung der Stelle durch einen der Beteiligten voraus. Der zweite Entwurf sagte ausdrücklich, die Festsetzung durch die „Stelle" erfolge „unter Ausschluß des Rechtswegs". Die Verordnung hat diese Worte gestrichen. Da sie aber den Satz hinzufügt: „Die Entscheidung der Stelle ist endgültig", bedeutet die seltsame Veränderung des Wortlauts keine Änderung in der Sache. Denn der neue Satz bezieht sich offenbar nicht nur auf die „anderweitige" Festsetzung nach Satz 2, sondern auch auf die im Satz 1 generell für Streitfälle angeordnete Festsetzung des Kapitalanteils.

Es ist zu untersuchen, ob diese Regelung der Angelegenheit als rechtlich haltbar anzusehen ist.

II.

Es soll davon ausgegangen werden, daß das Ermächtigungsgesetz vom 8. Dezember 1923 verfassungsmäßig und gültig ist; die in dieser Richtung vielleicht begründeten Zweifel mögen beiseite gestellt werden. Dagegen muß geprüft werden, ob die Bestimmungen der Goldbilanzenverordnung, auf die sich die Durchführungsvorschriften stützen, rechtsgültig sind. Sollte diese Frage ganz oder zum Teile zu verneinen sein, so würden auch die Durchführungsbestimmungen jedenfalls insoweit der Gültigkeit ermangeln, als sie auf den als ungültig erkannten Teilen der GBV. beruhen.

Der § 20 der GBV. enthält zwei Ermächtigungsklauseln. Obwohl sie im Texte in irreführender Weise nur durch ein Semikolon getrennt sind, stellen sie doch Rechtssätze von durchaus verschiedenem Inhalte dar.

In dem ersten Halbsatze wird die Reichsregierung ermächtigt, die zur Durchführung der Verordnung erforderlichen „Rechtsverordnungen und allgemeinen Verwaltungsvorschriften“ zu erlassen. Dieser Teil des § 20 ist nicht zu beanstanden. Er enthält insbesondere keinen Widerspruch zur Reichsverfassung, von deren Vorschriften die Verordnung nach § 1 Abs. 1 des Ermächtigungsgesetzes vom 8. Dezember 1923 nicht abweichen darf. Allerdings weist der Art. 77 der Reichsverfassung der Reichsregierung nur den Erlaß der zur Ausführung der Reichsgesetze erforderlichen Verwaltungsvorschriften, nicht den Erlaß von Rechtsverordnungen zu. Allein dies ist nur so zu verstehen, daß die Reichsregierung als das im Zweifel zum Erlasse von Verwaltungsverordnungen zuständige Reichsorgan bestimmt, nicht aber so, daß sie unter allen Umständen auf den Erlaß solcher Verordnungen beschränkt sein solle. Es ist vielmehr allgemein anerkannt, daß ohne Verletzung der Verfassung die Reichsregierung durch einfache Reichsgesetze auch zum Erlasse von Rechtsverordnungen ermächtigt werden kann. Gewiß geht dies nach der von mir, wie von anderen vertretenen Ansicht nicht so weit, daß ein einfaches Reichsgesetz ohne jede Einschränkung Delegationen zu Rechtsverordnungen erteilen dürfte. Aber jedenfalls darf die Delegation in jedem Einzelfalle die Ermächtigung zum Erlasse von Ausführungsrechtsverordnungen enthalten, die ja zu nichts anderem bestimmt sind, als die allgemeinen Sätze des Gesetzes in kleinere Münze umzusetzen.

Vgl. Triepel, Verhandlungen des 32. Deutschen Juristentages (1921), S. 16. — Poetzsch, ebenda, S. 36 f.

Was in dieser Beziehung für Reichsgesetze gilt, muß auch für die auf Grund des Ermächtigungsgesetzes erlassenen, die Stelle von Reichsgesetzen einnehmenden Verordnungen gelten, da das Ermächtigungsgesetz in dieser Hinsicht keine Schranke gezogen hat. Und es ist auch nicht zu beanstanden, wenn solche Rechtsverordnungen erst nach dem durch das Ermächtigungsgesetz für den Erlaß der Hauptverordnungen festgesetzten Endtermine des 15. Februar 1924 ergehen. Denn da die auf dem Ermächtigungsgesetze beruhenden Verordnungen anerkanntermaßen, wenn sie nur innerhalb der gesteckten Frist erlassen sind, auch über diese hinaus in Kraft bleiben, so würde es sinnwidrig sein, den Erlaß einer Ausführungsverordnung, deren Notwendigkeit sich vielleicht erst nach jenem Termine herausstellt, von diesem Augenblicke an unmöglich zu machen. Ob die Durchführungsverordnung schon früher hätte erlassen werden können und nur aus irgendwelchen Gründen verzögert worden ist, kann dabei keine Rolle spielen.

Vgl. den Beschluß des Reichsgerichts, III. ZS. vom 25. Januar 1924; DJZ. 1924, Sp. 211.

Anders steht es mit dem zweiten Halbsatze des § 20. Er sagt, die Reichsregierung „könne" Ausnahmen von den Bestimmungen der GBV. zulassen und, falls es sich als notwendig erweisen sollte, für besondere Fälle allgemeine Anordnungen ergänzenden oder abweichenden Inhalts treffen, sowie auf der Grundlage der für Aktien- und ähnliche Gesellschaften geltenden Bestimmungen die Bilanzierung, Umstellung und Neugründung anderer Arten von Unternehmungen in Goldmark regeln.

Die Zulässigkeit einer solchen, mit weitgreifenden und unbestimmten Begriffen arbeitenden Ermächtigungsklausel müßte selbst dann zu den schwersten Bedenken Anlaß geben, wenn sie sich in einem unter gewöhnlichen Umständen erlassenen Reichsgesetze fände, das die „Delegation" eines Rechtsverordnungsrechts an die Regierung enthielte. Unangreifbar möchte in einem solchen Falle höchstens ein Satz wie der Schlußpassus des § 20 sein, da in einer derartigen Bestimmung nur die Möglichkeit einer Ergänzung des Gesetzes auf der Grundlage einer im Gesetze selbst bereits getroffenen Regelung gegeben wird. Dagegen wäre m. E. die ganz allgemein gehaltene Ermächtigung zur Anordnung von Ausnahmen, Ergänzungen und Abweichungen schon in einem gewöhnlichen Reichsgesetze unstatthaft, da sie die der Verordnungsdelegation aus inneren Gründen gezogene Schranke überschreitet. Denn der Wortlaut läßt jede nähere Angabe darüber vermissen, auf welche Rechtssätze sich die Ermächtigung beziehen soll. Zum Erlasse von Rechtsverordnungen bedarf es aber immer einer „besonderen", einer „Spezialdelegation" auch in dem Sinne, daß das Gesetz die Delegation nur für einzelne bestimmte Fälle vornehmen kann und es nicht der Regierung oder Verwaltung überlassen darf, die Auswahl unter den Fällen nach Belieben zu treffen.

Vgl. Poetzsch, aaO. S. 42 f. — Auch Schoen, der gegen die vom letzten Juristentage hinsichtlich der Beschränkung der Delegationsmöglichkeit angenommenen Leitsätze polemisiert, sagt doch, daß die einfache Gesetzgebung nur „sachlich begrenzte" Rechtsverordnungsrechte begründen könne; Archiv des öffentlichen Rechts, N. F. Bd. 6, S. 150. Eine unbestimmte Delegation ist aber nicht „sachlich begrenzt".

Im vorliegenden Falle handelt es sich nun aber nicht um ein Gesetz, sondern um eine bereits auf einer gesetzlichen Delegation beruhende Verordnung der Reichsregierung, durch die diese zu weiteren Verordnungen „ermächtigt" werden soll. Wäre diese Ermächtigung nicht der „Reichsregierung", sondern einem einzelnen Reichsminister, etwa dem Reichsjustizminister, erteilt worden — was nach dem Wortlaute nicht zutrifft und auch nicht als Sinn der Bestimmung gedeutet werden kann — so würde eine sogen. Subdelegation des Verordnungsrechts vorliegen, und es würde zu prüfen sein, ob solche

Weitergabe einer Ermächtigung zulässig sei. Davon ist weiter unten noch zu sprechen. Aber der Vorgang ist ein ganz anderer. Die Reichsregierung, die kraft der Ermächtigung des RG. vom 8. Dezember 1923 die Verordnung erläßt, erteilt sich selbst eine Ermächtigung zu weiteren Verordnungen des im § 20 gegebenen Inhalts. Bei Lichte besehen, bedeutet das also überhaupt keine „Ermächtigung". Der Ausdruck ist unangebracht und irreführend. In Wirklichkeit behält sich die Reichsregierung vor, die in der Verordnung noch nicht getroffenen Regelungen nachzuholen oder die getroffenen abzuändern. Das wäre unter normalen Umständen an sich nicht nur unbedenklich, sondern schlechthin selbstverständlich und brauchte daher nicht einmal ausdrücklich ausgesprochen zu werden. Die Sache gewinnt jedoch deshalb ein besonderes Ansehen, weil die Regierung nach § 2 des Ermächtigungsgesetzes zum Erlasse von Verordnungen der im Gesetze bezeichneten Art nur bis zum 15. Februar 1924 ermächtigt war und überdies vor dem Erlasse einen Ausschuß des Reichsrats und einen Ausschuß des Reichstags wenigstens zu „hören" hatte. Der „Vorbehalt" in § 20 der GBV. war daher nur insoweit harmlos, als er sich auf Verordnungen bezog, die innerhalb der gesteckten Frist erlassen werden würden. Offenbar sollte er aber — und daraus erklären sich wohl die Ausdrücke „ermächtigt" und „kann" — auch über die Frist hinaus wirksam werden. Es unterliegt nicht dem geringsten Zweifel, daß dies unzulässig und ungültig ist, soweit es sich im § 20 um mehr als um bloße „Ausführungsverordnungen" handelt. Die Regierung hat durch das Gesetz vom 8. Dezember 1923 eine zeitlich streng bemessene Ermächtigung erhalten. Das Gesetz erlaubt ihr nicht, nach dem 15. Februar 1924 Verordnungen des dort bezeichneten Inhalts zu erlassen. Es ist undenkbar, daß sich die Regierung durch eine Ermächtigung an sich selbst die Möglichkeit verschafft, noch nach dem 15. Februar 1924 zu tun, was sie nur bis zu diesem Zeitpunkte tun darf. Soweit also der § 20 der GBV. diesen Zweck verfolgt, ist er nichtig, und ebenso nichtig sind deshalb alle Durchführungsbestimmungen, die sich auf die in dieser Weise angemaßte „Ermächtigung" stützen.

Daß die Reichsregierung selber die Vorschrift des § 20 als Vorbehalt weiterer Regelung, nicht als „Subdelegation" aufgefaßt hat, ergibt sich aus der Tatsache, daß sie den Entwurf der Durchführungsbestimmungen dem Reichsrate vorgelegt hat, und daß sie auch beabsichtigte, den Reichstagsausschuß zu hören. Das letztere ist nur deshalb unterblieben, weil der Reichstag vorher aufgelöst wurde. — Im übrigen würde sich, wie noch zu zeigen, an der Ungültigkeit der fraglichen Bestimmungen auch nichts ändern, wenn man den Vorgang als Subdelegation ansehen wollte.

Es muß folglich geprüft werden, ob sich die in Rede stehenden Klauseln der Durchführungsbestimmungen, da sie am 15. Februar d. J. noch nicht erlassen waren, im Rahmen des ersten Halbsatzes des § 20 bewegen, d. h. ob sie zur Durchführung der GBV. erforderliche Rechts- oder allgemeine Verwaltungsvorschriften sind, oder ob sie sich als Ausnahme-, Ergänzungs-, oder Abweichungsvorschriften im Sinne des zweiten Halbsatzes dieses Paragraphen darstellen. Im ersten Falle sind sie gültig, im zweiten Falle nicht, selbst dann nicht, wenn sich von irgendeinem Standpunkte aus behaupten ließe, daß sie, um mit den Worten des zweiten Halbsatzes zu sprechen, erweislich „notwendig" seien.

Daß es sich bei dem Artikel IV der Durchführungsbestimmungen, wie übrigens, soviel ich sehe, bei allen in diese aufgenommenen Vorschriften nicht um Verwaltungsverordnungen, d. h. um Verordnungen für die Verwaltungsbehörden, sondern um „Rechtsverordnungen" handelt, unterliegt keinem Zweifel. Die ganzen Durchführungsbestimmungen enthalten materielles Handelsrecht. Sie sind insbesondere eine Kodifikation von Aktienrecht im kleinen. Sie ändern wesentliche Regeln des Handelsgesetzbuchs in einschneidender Weise ab. Sie schließen für gewisse Fälle den Rechtsweg aus. Fraglich kann es also nur sein, ob ihre Vorschriften zur Durchführung der GBV. erforderlich sind. Das läßt sich in bezug auf die für dieses Gutachten in Betracht kommenden Klauseln des § 28 schlechterdings nicht dartun.

Zur Durchführung eines Gesetzes „erforderlich" ist eine Verordnung bei nüchterner Deutung dieses Wortes nur dann, wenn ohne sie die Durchführung des Gesetzes entweder überhaupt nicht oder nicht vollständig oder nicht den Absichten des Gesetzes entsprechend geschehen kann, — umständlicher ausgedrückt, „wenn die Verwirklichung der Absicht des Gesetzes, daß seine Anordnungen Geltung haben sollen ohne Dazwischentreten eines weiteren gesetzgeberischen Aktes, durch die Bewerkstelligung einer Einrichtung oder durch den Erlaß einer weiteren Anordnung bedingt ist".

Vgl. Haenel, Deutsches Staatsrecht, Bd. 1, S. 279.

Daraus erhellt schon, daß der Hauptanwendungsfall der Ausführungsverordnung die Verwaltungsverordnung ist. Zahlreiche Gesetze können ohne ins Einzelne gehende Anweisungen an die Verwaltungsbehörden überhaupt nicht ausgeführt werden. Dagegen sind Rechtsverordnungen vergleichsweise selten zur Durchführung eines Gesetzes „erforderlich". Sie werden es nur dann sein, wenn sich das Gesetz kurzer, vielleicht unbestimmter Sätze und Ausdrücke bedient, und wenn eine genauere Ausführung oder Verdeutlichung der gesetzgeberischen Absichten zur Anwendung des Gesetzes notwendig ist. Mag nun aber die „erforderliche" Ausführungsverordnung Rechts- oder Verwaltungsverordnung sein, so darf sie jedenfalls nicht nur nicht, wie selbstverständlich, contra legem, sondern auch nicht praeter legem erlassen werden; sie muß secundum legem sein. Sie muß, wie Haenel sagt, die Annahme rechtfertigen, daß sie von dem Gesetze selbst gewollt sei. Sie soll helfen, den Zweck des Gesetzes zu erreichen, nicht ihn zu erweitern. „Sie soll wollen, was das veranlassende Gesetz will: alles, aber nicht mehr."

Vgl. Anschütz, Deutsches Staatsrecht in v. Holtzendorff-Kohlers Enzyklopädie, Bd. 4, S. 165.

An dieser Begriffsbestimmung gemessen, sind die Durchführungsvorschriften zur GBV. verschieden zu beurteilen. Man kann zugeben, daß z. B. die Anordnungen in den §§ 26 oder 27 zur Durchführung des Gesetzes „erforderlich" sind. Der § 26 schaltet einen möglicherweise auftauchenden Zweifel in einer Weise aus, die mit den durch die GBV. verfolgten Zwecken offenbar in Einklang steht. Der § 27 enthält eine Vorschrift, die den im § 8 der GBV. — von dem alsbald noch näher zu sprechen sein wird — aufgestellten Grundsatz sinngemäß in einer bestimmten Richtung entwickelt. Dagegen sind die Klauseln des § 28, wenigstens die, auf die es hier ankommt, sicherlich n i c h t erforderlich, um die Ausführung der GBV. zu ermöglichen oder auch nur zu erleichtern. Sie regeln in ganz selbständiger und, wie schon jetzt gesagt werden mag, willkürlicher Weise das Verhältnis einer gewissen Klasse von Vorzugsaktien zu den Stammaktien. Sie verdeutlichen nicht nur nicht das, was in der GBV. über das Verhältnis verschiedener Aktiengattungen zueinander gesagt ist, sondern sie laufen sogar dem in § 8 der GBV. gegebenen Grundsatze durchaus entgegen. Es kann keine Rede davon sein, daß ohne sie die Anordnungen der GBV. nicht verständlich oder nicht durchführbar wären. Die Klauseln des § 28 wollen nicht dasselbe, sondern etwas anderes als das, „was das veranlassende Gesetz selber will". Sie fallen daher aus dem Rahmen der im ersten Halbsatze des § 20 der GBV. gegebenen Ermächtigung heraus. Sie sind nicht secundum, sondern praeter, ja zum Teil contra legem ergangen. Sie hätten von der Reichsregierung bis zum 15. Februar 1924 im Verordnungswege erlassen werden können. Nach diesem Zeitpunkte aber war es zu spät. Alles dies gilt in besonderer Weise für den § 28, Abs. 4, der für die Streitigkeiten der dort bezeichneten Art den Rechtsweg ausschließt und einer in Streitfällen entscheidenden, von der Reichsregierung einzusetzenden „Stelle" die Ermächtigung gibt, nach Billigkeitserwägungen eine a n d e r e als die generell vorgeschriebene „F e s t s e t z u n g" zu treffen. Daß diese Vorschrift zur Durchführung der GBV. nicht „erforderlich" ist, darüber wird man wohl ernsthafterweise nicht streiten können.

Die Vorschrift gibt aber auch sonst nach verschiedenen Seiten zu schwersten Bedenken Anlaß. Man könnte zunächst die Frage aufwerfen, ob der Ausschluß des Rechtsweges in privatrechtlichen Streitigkeiten überhaupt in einer Verordnung oder gar in einer bloßen Ausführungsverordnung erfolgen könne. Es scheint dies wenigstens zwar nicht dem Wortlaute, aber dem Geiste der in der Reichsverfassung Art. 102 ff. enthaltenen Bestimmungen über die Rechtspflege zu widersprechen. Zum mindesten wird man verlangen müssen, daß das Gesetz, von dem die den Rechtsweg ausschließende Verordnung abhängt, eine entsprechende Ermächtigung in deutlicher Form gegeben habe. (Siehe auch unten unter III, 1, a.) Aber das soll dahingestellt bleiben. Wichtiger ist, wie mir scheint, daß die an die einzusetzende „Stelle" erteilte Ermächtigung, für die Auseinandersetzung zwischen Stamm- und Vorzugsaktien Normen nach eigenem Belieben festzusetzen, unter allen Umständen unstatthaft ist. Sie gibt der Stelle in dürren Worten das Recht, die Normen der Ausführungsbestimmungen nach völlig freiem Ermessen außer Kraft zu stellen und durch andere zu ersetzen. Will man überhaupt die in der GBV. § 20 der Reichsregierung erteilte „Ermächtigung“ als die „Delegation“ eines Verordnungsrechtes auffassen s. oben S. 8), so stand es doch dem Delegatar nicht zu, diese Ermächtigung an eine andere Stelle weiterzugeben. Denn nach der, freilich bestrittenen, aber, wie ich glaube, richtigen Ansicht ist die Subdelegation eines Verordnungsrechtes ohne besondere gesetzliche Ermächtigung unzulässig.

Vgl. statt vieler L a b a n d, Staatsrecht des Deutschen Reiches, 5. Aufl., Bd. 2, S. 100 f. — v. S e y d e l, Bayer. Staatsrecht, 2. Aufl., Bd. 2, S. 331. — R o s i n, Polizeiverordnungsrecht, 2. Aufl., S. 214 f.; Recht der Arbeiterversicherung, Bd. 1, S. 103. — P o e t z s c h, Handausgabe der Reichsverfassung, 2. Aufl., S. 150.

An dieser Tatsache würden nun aber auch, um auf die Goldbilanzverordnung selbst zurückzukommen, die Bestimmungen im zweiten Halbsatze des § 20 der GBV. scheitern, falls man sie — der von mir vertretenen Auffassung entgegen — als echte Subdelegation eines Verordnungsrechtes ansehen wollte. Eine solche Subdelegation konnte durch die GBV. nicht vorgenommen werden, da das Ermächtigungsgesetz, auf dem sie beruht, eine Subdelegationsmöglichkeit nicht vorgesehen hat. Hier kommt aber noch etwas anderes hinzu. Die Ermächtigung zum Erlasse von Rechtsverordnungen war der Reichsregierung durch das Gesetz vom 8. Dezember 1923 nur auf eine bestimmte Zeit gegeben worden. Selbst wenn man Subdelegationen im Grundsatze für zulässig erklärt, muß man doch eine Ausnahme für solche Fälle zugestehen, in denen der Delegatar selber sein Recht nur als b e f r i s t e t e s erhalten hat. Hier kann es ihm nicht freistehen, das Recht unbegrenzt, d. h. über die ihm selbst gesteckte Frist hinaus, auf einen anderen zu übertragen. Denn damit würde er die mit der Befristung erstrebte Absicht des Gesetzgebers auf leichtem Wege vereiteln können. Der Subdelegant kann dem Subdelegatar kein stärkeres Recht verschaffen, als er selbst besitzt. Die Reichsregierung hätte folglich die angebliche Subdelegation des § 20 allenfalls mit Wirkung bis zum 15. Februar 1924, aber nicht darüber hinaus, vornehmen können.

Vgl. über die auf das erste Ermächtigungsgesetz bezügliche analoge Frage den Beschluß des Reichsgerichts, III. ZS. vom 25. Januar 1924, DJZ. Sp. 210. Das Reichsgericht gibt zu, daß die im Prinzip angenommene Übertragbarkeit des Verordnungsrechts für das Gebiet des Ermächtigungsgesetzes Einschränkungen unterliege, da dieses nur die derzeitige Regierung in ihrer damaligen parteipolitischen Zusammensetzung mit besonderen Vollmachten habe ausstatten wollen. Das Entsprechende muß aber dann gelten, wenn die außerordentliche Vollmacht nicht in persönlicher, sondern in zeitlicher Hinsicht beschränkt ist.

Soweit also die Ausführungsbestimmungen, die erst n a c h dem 15. Februar d. J. ergangen sind, inhaltlich auf den zweiten Halbsatz des § 20 der GBV. gestützt werden könnten, müssen sie doch aus dem angeführten Grunde für ungültig betrachtet werden. Allein sie scheitern schließlich noch an einer andern Klippe. Auch der zweite Halbsatz des

§ 20 stellt nämlich, jedenfalls soweit er sich auf die allgemeinen Anordnungen „ergänzenden“ und „abweichenden” Inhalts bezieht, deren Erlaß wiederum auf eine erweisliche Notwendigkeit ab. Und hier steht es genau so wie vorhin: es läßt sich schlechterdings nicht dartun, daß die Vorschriften des § 28, welche sich auf sog. schuldverschreibungsähnliche Aktien beziehen sollen, insbesondere die Vorschriften in Absatz 1, 4 und 6 in irgendeinem Sinne eine notwendige Ergänzung zur GBV. oder eine notwendige Abweichung von der GBV. darstellten.

Man wird einwenden, daß das Urteil über die „Erforderlichkeit“ einer Verordnung dem freien Ermessen des Inhabers der Verordnungsgewalt überlassen sei und daher von niemandem, insbesondere nicht von den Gerichten, nachgeprüft werden könne. Das entspricht in der Tat einer verbreiteten, auch in der höchstrichterlichen Judikatur viel vertretenen Ansicht. Über deren Berechtigung wird sich streiten lassen. Allerdings hat das geschriebene Recht für manche Arten von Verordnungen, namentlich für Polizeiverordnungen, die richterliche Nachprüfung ihrer „Notwendigkeit“ ausdrücklich ausgeschlossen.

Vgl. W. Jellinek, Gesetz, Gesetzesanwendung und Zweckmäßigkeitserwägung S. 3 f.

Indes ist es nicht angängig, diese Bestimmungen — bei denen übrigens das Wort „Notwendigkeit“ vielfach wohl nur im Sinne polizeilichen Angebrachtseins gemeint ist — ohne weiteres auf Fälle auszudehnen, in denen es an einer gesetzlichen Anordnung fehlt. Einen selbstverständlichen Gedanken enthalten sie keineswegs. Im Gegenteil: die Überprüfung von Verordnungen auf ihre gesetzliche Gültigkeit steht dem Richter anerkanntermaßen frei, und wenn das Gesetz den Erlaß einer Verordnung auf ein Erfordernis abstellt, so ist das Vorhandensein des Erfordernisses eine der Prüfung des Richters unterstellte Bedingung der Gültigkeit. Die Sache steht nicht anders als bei der richterlichen Nachprüfung von polizeilichen Verfügungen, wenn es sich fragt, ob sie — nicht zweckmäßig oder geeignet — sondern ob sie, etwa im Sinne des Preußischen Landrechts, zur Aufrechterhaltung der öffentlichen Ordnung notwendig waren. In bezug auf diese Art von Notwendigkeit hat der Richter in der Tat das Recht der Kontrolle.

Vgl. Schoen, Verwaltungsarchiv, Bd. 27, S. 118 ff.

Allein es bedarf eines näheren Eingehens auf diese Frage nicht. Denn auch wenn man im allgemeinen das Urteil über die Notwendigkeit einer Verordnung in das Ermessen des Verordnungsgewaltigen stellt, so ist doch freies Ermessen nicht gleichbedeutend mit Willkür. Man mag die Prüfung der Notwendigkeit des Erlasses einer Verordnung ausschließen, wenn sich darüber streiten läßt, ob die Verordnung erforderlich war oder nicht. Wenn aber unter gerecht und verständig denkenden Menschen nicht darüber gestritten werden kann, daß eine Verordnung zur Ausführung eines Gesetzes überflüssig war, wenn es sich vielmehr herausstellt, daß sie zu diesem Zwecke, wie der Reichsfinanzhof sagt, „offenbar nicht erforderlich" war, so bedeutet ihr Erlaß nicht eine Anwendung, sondern eine Überschreitung des Ermessens, und der Richter braucht nicht nur nicht die Hand dazu zu bieten, daß sie angewendet wird, sondern er darf es nicht tun.

Vgl. Entscheidungen des Reichsfinanzhofs, Bd. 5, S. 337.

An dem gewonnenen Ergebnisse wird endlich auch durch die Klausel in Art. 8 der GBV. (s. oben S. 4) nichts geändert. Die Fassung dieses Artikels ist auf den ersten Blick befremdlich. Die Verordnung sagt, es werde durch die Umstellung das Verhältnis der mit den Aktien und Geschäftsanteilen verbundenen Rechte zueinander nicht berührt, fügt aber hinzu: „vorbehaltlich näherer Regelung in den Durchführungsbestimmungen". Man sollte meinen, der Zusatz sei überflüssig, da ja der § 20 ohnehin für alle Vorschriften der GBV. die Möglichkeit einer „näheren Regelung" gewähre. In der Tat läßt sich bei unbefangener Betrachtung die Bestimmung nicht anders auslegen, als daß die im § 8 enthaltene Regel in demselben und nur in demselben Sinne durch die Ausführungsbestimmungen näher entwickelt werden darf, wie das nach dem bisher Gesagten für alle andern Vorschriften der Verordnung zutrifft, daß also an dem Grundsatze des § 8 selber nicht gerüttelt werden kann.

Vgl. E. Heymann in seinem Gutachten in der Schrift: „Die AEG-Vorzugsaktien und ihre Umstellung in der Goldbilanz", S. 21.

Nun scheint freilich aus der Entstehungsgeschichte des § 8 hervorzugehen, daß man mit dem eingeschobenen Satze eine bestimmte Absicht verfolgte. Der Satz war, soviel mir bekannt ist, im Entwurfe der GBV. noch nicht enthalten. Er wurde eingefügt, weil die Regierung aus den Kreisen der Bankwelt darauf aufmerksam gemacht worden war, es könne die im § 8 ausgesprochene Regel zu dem ungerechten Ergebnisse führen, daß die Verwaltungsaktien bei der Umstellung einen unverhältnismäßig großen Teil der Substanz des Gesellschaftsvermögens erhielten. Dieser unerwünschten Folge sollte mit dem Einschiebsel vorgebeugt werden. Wenn das richtig ist, so würde der Zwischensatz allerdings die Bedeutung haben, daß sich die Regierung — wie es ja auch beinahe wörtlich heißt — „vorbehalte", die Regel des § 8 durch einen Ausnahmerechtssatz zu durchbrechen. Allein abgesehen davon, daß diese Absicht in der Verordnung keinen ausreichend deutlichen Ausdruck erhalten hat, so wäre damit wieder nichts anderes bewiesen, als daß die „nähere Regelung" dieser Frage unter die von dem zweiten Halbsatze des § 20 geschaffene Möglichkeit fiele, der GBV. Ausnahme-, Ergänzungs- oder Abweichungsbestimmungen folgen zu lassen. Und es gälte auch hier, was oben ausgeführt worden ist, daß nämlich solchen Bestimmungen praeter oder contra legem der 15. Februar 1924 als äußerster Termin gesetzt worden war. Mithin läßt sich der § 28 der Durchführungsbestimmungen auch nicht durch die Berufung auf den § 8 der GBV. retten.

III.

Will man von der formellen Ungültigkeit der in Frage kommenden Ausführungsvorschriften absehen, so geben diese doch zu schweren Bedenken hinsichtlich ihrer materiellen Gültigkeit Anlaß. Nach Ansicht des unterzeichneten Gutachters befinden sie sich zum großen Teile im Widerspruch mit grundrechtlichen Sätzen der Reichsverfassung. Zufolge ausdrücklicher Vorschrift des Ermächtigungsgesetzes vom 8. Dezember 1923 darf die Reichsregierung bei den ihr vom Gesetze gestatteten Maßnahmen von den Vorschriften der Verfassung nicht abweichen. Das gilt selbstverständlich erst recht von Durchführungsbestimmungen, die auf Grund einer solchen „Maßnahme" erlassen werden.

Ein Widerspruch zur Reichsverfassung ist nach meiner Überzeugung in zweifacher Beziehung vorhanden.

1.

Die in § 28, Abs. 1 der Durchführungsbestimmungen enthaltene Regel bewirkt oder, genauer gesagt, ermöglicht eine entschädigungslose Enteignung von Vermögenswerten. Allerdings nicht in jedem Falle. Wenn sich bei der Umstellung des Grundkapitals einer Aktiengesellschaft ergeben sollte, daß trotz der Anwendung des § 28, Abs. 1, d. h. der Berechnung der auf die Vorzugsaktionäre entfallenden Quote nach der Goldeinlage, diese Quote dem Verhältnisse des Nennbetrages der Vorzugsaktien zum Nennbetrage des Gesamtkapitals entspricht, also der § 27 einschlägt, so liegt eine Enteignung nicht vor. Das gleiche gilt im Falle des § 28 Abs. 3. Anders aber in dem vermutlich gewöhnlichen Falle, daß die nach der Goldeinzahlung berechnete Quote der Vorzugsaktionäre jene Grenze nicht erreicht. Hier werden nach § 28, Abs. 1 und 6 die Vorzugsaktionäre zugunsten der Stammaktionäre oder auch der Gesellschaft selber in verfassungswidriger Weise enteignet. Das bedarf näherer Ausführung.

Nach Art. 153, Abs. 2 der RV. sind Enteignungen nur unter besonderen Voraussetzungen und nur in bestimmten Formen gestattet. Darüber, daß der Art. 153 zu den sofort wirksam gewordenen, zu den „aktuellen" Rechtssätzen der Verfassung gehört, herrscht allerseits Übereinstimmung.

Vgl. z. B. Entscheidungen des Reichsgerichts, ZS., Bd. 102, S. 165.

Und zwar bildet die grundrechtliche Bestimmung der Verfassung, hier wie anderwärts, nicht nur eine Schranke der Verwaltung, sondern auch eine Schranke der Gesetzgebung, und ferner eine Schranke der Gesetzgebung nicht nur der Länder, sondern auch der des Reiches selbst.

So auch M. Wolff, Reichsverfassung und Eigentum, in der Berliner Festgabe für Kahl (1923), S. 6, 21.

Das ergibt sich nicht nur aus inneren Gründen, die hier nicht entwickelt werden sollen, sondern vor allem aus der durch die Entstehungsgeschichte zu erkennenden Absicht der Verfassung. In dem Entwurfe des Verfassungsausschusses hieß es ausdrücklich, die Grundrechte sollten sein eine „Richtschnur und Schranke für die Gesetzgebung, die Verwaltung und die Rechtspflege im Reich und in den Ländern" (Art. 107; Triepel, Quellensammlung, S. 43). Wenn man diese sakrale Formel bei der Schlußredaktion im Plenum der Nationalversammlung strich, so hatte das nicht den Sinn, daß man ihren Inhalt nicht zu Recht machen wollte, sondern es geschah, weil man sich bewußt war, daß nicht alle grundrechtlichen Bestimmungen „aktuelles", d. h. sofort wirksames Recht schaffen sollten und konnten.

Vgl. Anschütz, Reichsverfassung S. 187 und die dort angeführten Stellen. Anschütz selbst bezeichnet freilich die Formel, m. E. mit Unrecht und willkürlich, als „nichtssagend und praktisch unbrauchbar".

Auch die jüngst vom Abgeordneten Dr. Düringer gegebene, auf eigenen Wahrnehmungen beruhende Darstellung der Entstehung der Grundrechte („Vossische Zeitung" vom 9. Jan. 1924, Nr. 14) läßt keinen Zweifel übrig, daß der Verfassungsgesetzgeber mit den Grundrechten eine Schutzwehr nicht nur gegen die Verwaltung, sondern auch gegen die Gesetzgebung aufbauen wollte. Was für die Gesetzgebung gilt, das gilt natürlich erst recht für den Erlaß von Verordnungen.

Über den Begriff der Enteignung, insbesondere der Enteignung im Sinne des Art. 153, sind neuerdings wiederholt scharfsinnige Untersuchungen angestellt worden. Über zweierlei scheint dabei im wesentlichen Übereinstimmung erzielt zu sein. Erstlich darüber, daß der Begriff der Enteignung, obwohl die Verfassung in Abs. 1 und Abs. 3 des Art. 153 nur von „Eigentum" spricht, die Entziehung oder Beschränkung nicht nur von Eigentumsrechten in sich schließt. Der ganze Artikel 153, folglich auch sein zweiter Absatz, will die privaten Vermögensrechte in ihrer Gesamtheit unter den Schutz der Verfassung stellen. Das ergibt sich aus den bei den Beratungen über die Verfassung überall erkennbar gemachten Absichten des Gesetzgebers, aber auch daraus, daß die Begriffe Eigentum und Enteignung in den älteren Verfassungen, die der Reichsverfassung zum Vorbilde gedient haben, immer in diesem weiten Sinne verstanden worden sind. Enteignung nach Art. 153 ist also Entziehung oder Beschränkung nicht bloß von unbeweglichem und beweglichem Eigentum, sondern auch von anderen privaten Rechten, seien es Sachenrechte, Forderungsrechte, Aktienrechte, Urheber- und Erfinderrechte oder irgend etwas anderes.

Vgl. Anschütz, Verfassungsurkunde für den preußischen Staat, Bd. 1, S. 109 u. ö. — Arndt, Reichsverfassung, S. 210. — M. Wolff, aaO. S. 3, 23 u. a. m. — Die früher zuweilen vertretene Auffassung, daß bewegliche Sachen und Forderungsrechte nicht Gegenstand einer echten Enteignung sein können (so z. B. v. Rohland, Zur Theorie und Praxis des deutschen Enteignungsrechtes, S. 15 ff., 18; bez. der Forderungsrechte G. Meyer, Recht der Expropriation, S. 2 f.), war eine willkürliche Einengung des Begriffes, die jedenfalls gegenüber der Reichsverfassung versagen muß.

Zum andern lehrt die überkommene und auch für die Auslegung des Art. 153 maßgebende Meinung, daß Enteignung immer nur die

Entziehung von Vermögensrechten unter gleichzeitiger Übertragung auf einen andern bedeutet. Genauer muß das so ausgedrückt werden: Enteignung ist die Entziehung oder Schmälerung privater Vermögensrechte, die einen andern durch Einräumung eines Vermögensrechts oder eines Vermögensvorteils entsprechend begünstigt. Es ist nicht nötig, daß der Begünstigte gerade dasselbe Recht erwirbt, daß dem Enteigneten genommen wird. Es genügt, daß er auf dessen Kosten einen der Verkürzung entsprechenden Vermögenszuwachs erhält. Auch die zwangsweise Belastung des Eigentums mit einer Servitut oder umgekehrt die Aufhebung einer Grundbelastung zugunsten des Eigentümers ist Enteignung. Die vom Staate vorgenommene Übertragung des Eigentums vom Eigentümer auf einen andern ist nur der einfachste und immer als Musterbeispiel verwendete Fall.

Vgl. statt vieler G. Meyer, Expropriation, S. 4; Verwaltungsrecht, 3. Aufl., Bd. 1, S. 70 f. — Grünhut, Enteignungsrecht, S. 1 ff. — Gierke, Deutsches Privatrecht, Bd. 2, S. 465. — Layer, Prinzipien des Enteignungsrechts, S. 14 ff. — Anschütz, Preußische Verfassungsurkunde, Bd. 1, S. 165; Reichsverfassung, S. 247. — Fleiner, Institutionen des Verwaltungsrechts, 3. Aufl., S. 291. — Hatschek, Verwaltungsrecht, 2. Aufl., S. 266. — M. Wolff, aaO. S. 24 ff.

Mißt man an dem festgestellten Begriffe die von den Durchführungsbestimmungen zur GBV. an der kritischen Stelle getroffenen Maßnahmen, so dürfte es kaum zweifelhaft sein, daß es sich hier um eine echte Enteignung handelt. Denn das Recht des Vorzugsaktionärs besteht auch in den Fällen des § 28 Abs. 1 in einem Anteile am Gesellschaftsvermögen, und zwar in einem Anteile, dessen Höhe dem Nennbetrage seiner Aktie im Verhältnisse zum Gesamtkapitale entspricht. Daran ändert die Tatsache, daß der Anteil solcher Aktien am Liquidationserlöse oder daß der Rückzahlungsbetrag im Falle einer Einziehung auf einen Hundertsatz ihres Nennbetrages beschränkt ist, nicht das mindeste. Denn abgesehen davon, daß die Einziehung auch bei andern Aktien möglich ist, so sind die Vorzugsaktionäre bis zur Liquidation und bis zur Einziehung Aktionäre wie die andern auch. Dies leugnen, hieße „eine Verkennung des Wesens der Aktie“.

Vgl. Flechtheim, Bankarchiv, Bd. 23, S. 88. — E. Heymann, aaO. S. 14 ff.

Es ist deshalb das allein der „Rechtslage Entsprechende“, wenn man bei der Umstellung Vorzugs- und Stammaktionäre, wie das der § 8 der GBV. und der § 27 Abs. 1 der Durchführungsbestimmungen als Grundsatz aufstellen, im Verhältnisse der Nennbeträge ihrer Aktien an dem auf Goldmark umgestellten Grundkapitale beteiligt. Wenn man aber für die Vorzugsaktionäre die Höhe des nunmehrigen Anteils von dem in Goldmark umgerechneten Werte der auf die Aktien geleisteten Einlagen abhängig macht und, falls dieser Betrag niedriger ist als der, der nach der aufgestellten Norm auf sie entfallen würde, den Überschuß dem auf die andern Aktiengattungen entfallenden Teile des Grundkapitals hinzurechnet, so entzieht man den Vorzugsaktionären einen Teil der ihnen bisher zustehenden Quote des Gesellschaftsvermögens.

Und man bereichert auf ihre Kosten und genau in dem Umfange ihres Rechtsverlustes die Stammaktionäre, möglicherweise auch die Gesellschaft selber, wenn diese nämlich Vorratsaktien in der Hand hat. Dies letztere trifft z. B. auf die AEG zu, in deren Besitz sich nach einer in der Generalversammlung vom 19. Februar d. J. gemachten Mitteilung damals noch 250 Millionen Stammaktien befanden, auf die nur der Nennbetrag in Papiermark eingezahlt worden war. Das alles bedeutet aber eine Enteignung.

Man kann nicht einwenden, es handele sich nicht um eine Enteignung im technischen Sinne, wenn der Gesetzgeber eine Kollision widerstreitender, weil miteinander unverträglicher Rechte durch Bevorzugung des einen von ihnen beseitige, oder wenn er um der Rechtsgewißheit willen Rechte, die nach Existenz oder Umfang zweifelhaft seien, nach Billigkeit oder jedenfalls nach einem Maßstabe, den er für billig halte, festlege, ohne darauf Rücksicht zu nehmen, ob dies in Wirklichkeit eine Beschneidung dieser Rechte mit sich bringe. Das mag, wenigstens bis zu einem gewissen Grade, richtig sein. Aber im vorliegenden Falle trifft weder das eine, noch das andere zu. Die Anteilsrechte der Vorzugsaktionäre sind mit denen der Stammaktionäre nicht unverträglich, wenn sie beide nach dem gleichen Maßstabe bemessen werden, und die Verkürzung der Vorzugs- gegenüber den Stammaktionären verletzt sie in einem Rechte, über dessen Vorhandensein und Umfang nach geltendem Gesetze kein Zweifel besteht. Im übrigen wird aber auch eine Enteignung durchaus nicht dadurch ihres Charakters entkleidet, daß sie zur Vermeidung von Streit oder zur Behebung von Zweifeln geschieht. Sowohl das Motiv, aus dem, wie der Zweck, zu dem eine Enteignung geschieht, sind für den Begriff der Enteignung gleichgültig. Nach dem Zwecke der Enteignung bestimmt sich die Zulässigkeit, nicht der Begriff der Enteignung. Nur ein sozusagen nächster Zweck ist allerdings der Enteignung wesentlich: sie geschieht, um dem Begünstigten auf Kosten eines andern einen Vermögenszuwachs zu bringen; dadurch unterscheidet sie sich von der Einziehung zum Zwecke der Strafe und ähnlichen Maßnahmen. Aber auf den entfernten Zweck, d. h. den Zweck, zu dem die Enteignung selbst erst das Mittel sein soll, kommt es für den Begriff der Enteignung nicht an.

Vgl. M. Wolff, aaO. S. 25.

Im vorliegenden Falle kann die Enteignung Zwecke der verschiedensten Art, zu billigende oder nicht zu billigende, verfolgen. Das spielt zunächst keine Rolle. Aber daß sie den Vorzugsaktionären ein Opfer zugunsten der anderen zumutet, und daß dies ihr „nächster" Zweck ist, darüber läßt sich doch wohl nicht streiten.

Nun können nach der zwingenden Vorschrift des Art. 153 Abs. 2 der RV. Enteignungen vorgenommen werden nur zum Wohle der Allgemeinheit, nur auf gesetzlicher Grundlage und nur gegen angemessene Entschädigung, soweit nicht ein Reichsgesetz etwas anderes bestimmt. Diese Voraussetzungen sind in unserem Falle **nicht** erfüllt.

a) Zunächst gebricht es sowohl an der von der Verfassung geforderten „gesetzlichen Grundlage“, als auch an dem „Reichsgesetze“, das die Entschädigung ausschließt.

Über den Sinn, der dem Worte „Gesetz“ im Absatz 2 des Art. 153 beizulegen sei, herrscht keine völlige Einhelligkeit. Die Grundrechte verbinden an den verschiedenen Stellen, an denen sie das „Gesetz“ zur Bedingung von Eingriffen in die Rechtssphäre des Einzelnen machen, mit jenem Worte einen verschiedenen Sinn. Sie meinen bald ein Gesetz im formellen, bald ein Gesetz im materiellen Sinne. Die „Gesetze“, von denen der erste Absatz des Art. 153 spricht, sind offenbar Gesetze in der zweiten Bedeutung des Wortes, Gesetze im Sinne von Rechtsnormen. Sie schließen also zum Beispiel das Gewohnheitsrecht mit ein. Der Abs. 2 des Art. 153 versteht indessen unter Gesetz ein Gesetz im formellen Sinne. Für das „Reichsgesetz“ des zweiten Satzes folgt dies fast von selbst aus dem Wortlaute. Im übrigen ergibt es sich daraus, daß die mit der sorgfältig redigierten Vorschrift verfolgte Absicht einer weitgehenden Eigentumssicherung ohne das Erfordernis eines formellen Gesetzgebungsaktes für Enteignungen nicht wohl erreicht werden könnte, außerdem aber daraus, daß auch die Verfassungen und Gesetze, die als Vorläufer der Bestimmung zu betrachten sind, immer und überall lediglich dem konstitutionellen Gesetze die Kraft beilegen, Enteignungen vorzunehmen oder zu gestatten. Die Formel des Art. 153, Abs. 2 ist der typische Fall des „Vorbehalts des Gesetzes“. Die Ausführungsbestimmungen zur GBV. sind also im Sinne des Art. 153, Abs. 2 kein Gesetz.

Nun wird allerdings häufig die Ansicht vertreten, daß Enteignungen auch durch Rechtsverordnungen erlaubt werden oder erfolgen dürfen, wofern diese Verordnungen auf einer Ermächtigung durch formelles Gesetz beruhen.

Vgl. z. B. Entsch. des Reichsgerichts, ZS., Bd. 102, S. 165; StS., Bd. 55, S. 91.

Diese Behauptung ist keineswegs unbedenklich, aber sie mag als richtig unterstellt werden. Allein dabei ist doch unter allen Umständen die eine Voraussetzung zu machen, daß das Gesetz selbst, auf dem die Verordnung beruht, die Ermächtigung zur Vornahme oder Gestattung von Enteignungen in unmißverständlicher Weise gegeben hat. Eine Verordnung kann Enteignungen niemals aus eigener Kraft, sondern nur auf Grund gesetzlicher Erlaubnis bewirken. Entweder muß also diese Erlaubnis im delegierenden Gesetze ausdrücklich gegeben sein, oder es muß sich aus den Zwecken des Gesetzes oder sonst mit Sicherheit schließen lassen, daß das Gesetz eine Macht von solch einschneidender Bedeutung der Verordnung überlassen wollte. Wenn z. B. das bekannte RG. vom 4. August 1914 (RGBl. S. 327) dem Bundesrate die Ermächtigung gab, während der Zeit des Krieges alle „gesetzlichen Maßnahmen“ anzuordnen, die sich zur Abhilfe wirtschaftlicher Schädigungen als notwendig erweisen würden, wenn die ebenso bekannten Reichsgesetze vom 17. April 1919 (RGBl.

S. 394), vom 3. August 1920 (RGBl. S. 1493) und vom 6. Februar 1921 (RGBl. S. 139) der Reichsregierung die Erlaubnis erteilten, zur Regelung des Übergangs von der Kriegs- in die Friedenswirtschaft notwendige und dringende „Maßnahmen“ oder „gesetzliche Maßnahmen“ zu treffen, so konnte man aus dem Anlasse und aus dem weit gefaßten Wortlaute der Gesetze auch wohl eine Ermächtigung zu Enteignungen ableiten und hat sie daraus auch ohne Anstand abgeleitet. Dasselbe gilt von den beiden Ermächtigungsgesetzen des Vorjahres. Die auf dem zweiten dieser Gesetze beruhende GBV. selber hätte also auch Enteignungen vornehmen können. Allein von selbst versteht sich dergleichen niemals. Wenn die Verfassung sagt, die Zulassung entschädigungsloser Enteignungen müsse von einem Reichsgesetze „bestimmt“ werden, so ist dieser Ausdruck in besonders strengem Sinne zu verstehen. Man hat daraus nicht nur zu folgern, daß die, eine Enteignung zulassende Rechtsnorm sich zu dieser Absicht „deutlich bekennen“ muß, sondern man hat weiterhin daraus zu schließen, die Verfassung verlange auch von dem Gesetze, das eine im Wege der Verordnung vorzunehmende Enteignung zuläßt, daß es diese Erlaubnis in deutlicher Weise zum Ausdrucke bringt.

Vgl. Entsch. des Reichsgerichts, ZS., Bd. 102, S. 165 f.

Nun enthält aber die GBV., die in diesem Zusammenhange vermöge der verfassungsrechtlichen Eigenart des Ermächtigungsgesetzes, auf dem sie beruht, als Gesetz anzusehen ist,

Vgl. Poetzsch, Voss. Ztg. Nr. 97 vom 26. Februar 1924,

weder eine ausdrückliche Vorschrift, daß die Durchführungsbestimmungen Enteignungen vornehmen oder ermöglichen sollen, noch ist aus irgendwelchen Sätzen der GBV. ein Rechtssatz solchen Inhalts mit einer auch nur annähernden Gewißheit zu entnehmen. Weder der § 8, noch der § 20 bieten dafür einen ausreichenden Anhalt. Eine dahingehende Absicht läßt sich nicht vermuten, und sie läßt sich aus den Ausdrücken „nähere Regelung“ oder „Ausnahmen“ oder „Anordnungen ergänzenden Inhalts“ nicht mit genügender Deutlichkeit ablesen.

b) Zum zweiten widersprechen die auf eine Enteignung hinauslaufenden Sätze der Durchführungsbestimmungen deshalb der Reichsverfassung, weil sie nicht „zum Wohle der Allgemeinheit“ erlassen worden sind.

Der Grundsatz, daß Enteignungen nur zum Wohle der Allgemeinheit vorgenommen werden dürfen, ist, wie schon seine Stellung im Texte des Artikels 153 anzeigt, als die vornehmste Norm des Enteignungsrechts aufzufassen. Auch formell-rechtlich unterscheidet sich die Norm von denen, die im zweiten und dritten Satze des Art. 153 Abs. 2 enthalten sind. Diese letzteren unterliegen nämlich der Beseitigung oder Einschränkung durch den Gesetzgeber. Ein einfaches Reichsgesetz kann bestimmen, daß Enteignungen auch ohne angemessene Entschädigung, vielleicht also ohne jede Entschädigung, erfolgen dürfen — soweit das nicht wieder durch andere Verfassungsnormen, wie z. B. bezüglich des Kirchenguts, ausgeschlossen ist (Art. 138, Abs. 2). Einfache Reichsgesetze können ferner erlauben, daß über die Höhe der Entschädigung von anderen Behörden als von den ordentlichen Gerichten entschieden werde. Dagegen kann ein einfaches Reichsgesetz nichts ändern an dem Prinzip des ersten Satzes, daß Enteignungen nur zum Wohle der Allgemeinheit vorgenommen werden dürfen. Denn die Klausel: „soweit nicht ein Reichsgesetz etwas anderes bestimmt", ist nur dem zweiten und dritten, nicht aber dem ersten Satze beigefügt worden. Der Unterschied zwischen dem ersten und den beiden anderen Sätzen springt in die Augen; der Wille der Verfassung ist dadurch ganz deutlich geworden.

Man kann nicht etwa sagen, es genüge nach dem ersten Satze, daß eine „gesetzliche Grundlage" für die Enteignung geschaffen und bei dieser Gelegenheit, d. h. in dem die Enteignung rechtfertigenden allgemeinen oder speziellen Enteignungsgesetze, die Gründe angegeben würden, die der Gesetzgeber als Gründe des öffentlichen Wohles erachte. Mit andern Worten: der Gesetzgeber habe selbstherrlich zu bestimmen, was er als das eine Enteignung rechtfertigende allgemeine Interesse ansehe. Eine solche Auslegung würde dem Wortlaute der Verfassung Gewalt antun und ihren Sinn verkehren. Die Verfassung verlangt Beachtung des Wohls der Allgemeinheit „und" eine gesetzliche Grundlage. Das sind zwei verschiedene Dinge. Die Verfassung fordert erstens, daß die Enteignung durch ein Gesetz gerechtfertigt werde, und sie fordert zweitens, daß dieses Gesetz nur dann erlassen werde, wenn es das Wohl der Allgemeinheit gebiete.

Vgl. Giese, Verfassung des Deutschen Reiches, 5. Aufl., S. 347 f.

Die Rücksicht auf das allgemeine Wohl ist mithin ein selbständiges Erfordernis, das der Art. 153 der RV. an jede Enteignung stellt. Nimmt folglich ein Gesetz Enteignungen vor oder ermächtigt es zu Enteignungen, so muß es selbst mit Rücksicht auf das gemeine Beste erlassen worden sein, oder es muß die Vornahme der Enteignung seinerseits von der Rücksicht auf das gemeine Beste abhängig machen. Und da das Erfordernis ein verfassungsmäßiges Erfordernis ist, darf weder ein Landesgesetz, noch ein einfaches Reichsgesetz von ihm befreien. Nur ein in der Form der Verfassungsänderung ergehendes Reichsgesetz wäre dazu imstande.

Vgl. Triepel, Roter Tag Nr. 149 vom 9. Juli 1920. — Meine dort ausgesprochene Ansicht wird von M. Wolff, aaO. S. 14 gebilligt.

Welcher Sinn ist aber mit den Worten „zum Wohle der Allgemeinheit" zu verbinden? Die Verfassung verwendet hier einen Ausdruck, der, so typisch er in seiner oder in ähnlicher Form in älteren Verfassungen und Gesetzen geworden, doch reichlich unbestimmt ist. Es nimmt daher nicht Wunder, daß er der Auslegung immer große Schwierigkeiten bereitet hat, nicht anders als der in diesem Zusammenhange oft verwendete und mit ihm gleichbedeutende Ausdruck

„öffentliches Interesse". Es genügt offenbar nicht, daß man nur den Sinn des Wortes „Allgemeinheit" feststellt, daß man etwa sagt, es sei hierunter der Staat oder die Gemeinde oder jeder öffentliche Verband oder das Publikum oder jede „als höhere Einheit gedachte Gemeinschaft" zu verstehen, als deren Glied der Einzelne erscheine.

So Layer, aaO. S. 210 ff.

Denn es kommt uns nicht allein darauf an, das oder die Subjekte „öffentlicher" Interessen kennenzulernen, sondern die Eigenart der Interessen, die nach der Absicht der Enteignungsnormen eine Enteignung rechtfertigen. Wenn z. B. die Reichsverfassung sagt, eine Enteignung könne nur „zum" Wohle der Allgemeinheit „vorgenommen" werden, so meint sie, daß die Enteignung nur zu einem bestimmten Zwecke, eben dem Wohle der Allgemeinheit, veranstaltet werden dürfe, und daß sie imstande sein müsse, diesem Zwecke dienlich zu sein. Es handelt sich also in erster Linie darum, zu ermitteln, welcher Zweck als „Wohl" der Allgemeinheit betrachtet wird. Von vornherein ist ja doch sicher, daß nicht jeder denkbare Zweck, nicht jedes denkbare Interesse, etwa das bloße Interesse an einer Bereicherung einer sozialen „Gemeinschaft", nach dem Willen der Verfassung als ihr Interesse, ihr „Wohl" in diesem Zusammenhang gedacht worden ist.

Nun wird sich eine nach jeder Richtung hin abschließende objektive Umgrenzung, was Inhalt des öffentlichen Wohles ist, und dessen, was ihm dient, niemals treffen lassen. Denn es handelt sich dabei um die Bewertung eines Zwecks und um ein Urteil über die Notwendigkeit der zur Erreichung des Zwecks anzuwendenden Mittel. Solche Urteile müssen aber bis zu einem gewissen Grade immer subjektiv ausfallen.

Vgl. insbesondere Gierke, Deutsches Privatrecht, Bd. 2, S. 474.

Selbst die ausführlichste und sorgfältigste Untersuchung über den Begriff des öffentlichen Interesses, die F. J. Neumann angestellt hat, ist nicht über das Ergebnis hinausgekommen, es müsse das Unternehmen, dem eine Enteignung dienen solle, von so großer Bedeutung sein, daß es „gerechtfertigt" oder „angezeigt" erscheine, um seinetwillen den Eigeninteressen Anderer Opfer aufzuerlegen.

Vgl. F. J. Neumann, Annalen des Deutschen Reiches 1886, S. 400, 406.

Es bringt uns auch nicht weiter, wenn man darauf abstellt, daß die Enteignung immer zugunsten eines bestimmten öffentlichen Unternehmens erfolgen müsse.

So die weitaus meisten. Vgl. statt vieler v. Rohland, aaO. S. 1 ff. — Sieber, Recht der Expropriation, S. 133, 146, 148. — Schelcher, Rechtswirkungen der Enteignung, S. 2, 18 u. ö. — Otto Mayer, Verwaltungsrecht, 2. Aufl., Bd. 2, S. 3, 12 ff. — Fleiner, aaO. S. 292. — Hatschek, aaO. S. 266 f.

Denn so richtig es ist, daß die Enteignung, wie schon die Geschichte des Instituts beweist, in Zusammenhang mit öffentlichen „Veranstaltungen" gebracht werden muß, so bleibt ja doch, wie allseitig zugegeben wird, in allen Fällen einer Enteignung immer noch zu untersuchen, ob gerade das konkrete Unternehmen dem Wohle der Allgemeinheit dient, ob, wie sich Gierke ausdrückt (aaO. S. 473), ein Unternehmen vorliegt, „an dessen Durchführung ein öffentliches Interesse besteht." Wir werden also hier auf die Ausgangsfrage wieder zurückgeworfen.

Immerhin liegt die Sache nun doch nicht so verzweifelt, daß sich nicht einiges Brauchbare über die Abgrenzung des Begriffs des allgemeinen Wohles sagen ließe.

1) Wenn eine Verfassung dem Gesetze, oder wenn ein Gesetz der Verwaltungsbehörde vorschreibt, es dürfe eine Enteignung nur zum Wohle der Allgemeinheit vorgenommen werden, so werden sie die Bestimmung dessen, was dieses Wohl bedeutet, nicht der Willkür des Adressaten überlassen wollen.

Die pessimistische Äußerung Häberlins, Archiv f. d. zivil. Praxis, Bd. 39, S. 155, die Auslegung des Begriffes „öffentliches Wohl" hänge „von der Einsicht, ja von der Willkür" derer ab, die darüber zu entscheiden haben, paßt jedenfalls nicht mehr in die Verhältnisse des Rechtsstaats hinein.

Denn die Bestimmung eines Rechtsinhalts in subjektive Willkür stellen, widerspricht dem Sinne aller Rechtsordnung überhaupt. Soweit man daher auch den Umfang des hier gestatteten Ermessens ziehen mag, so ist doch sicher, daß das Ermessen durch sachliche Erwägungen geleitet sein muß. Es geht nicht an, daß sich der Enteignungsgewaltige auf den Standpunkt stellt: „Car tel est notre bon plaisir!" Unter der Herrschaft der monarchischen Staatsform ist mit Recht stets gelehrt worden, daß das Enteignungsrecht nicht ausgeübt werden dürfe, um die besonderen Neigungen oder Launen des Souveräns zu befriedigen.

Vgl. z. B. Häberlin, aaO. S. 164 f.

Aber auch die Launen eines souveränen Volkes sind kein Grund, der die Vornahme einer Enteignung als dem Volkswohl entsprechend erscheinen lassen könnte. Schon vor sechzig Jahren hat der wackere schweizerische Gelehrte Heinrich Escher mit Recht erklärt, es sei ein „schändlicher Mißbrauch", wenn in demokratischen Staaten der freie Bürger gezwungen würde, sein Eigentum aufzugeben, um den Intriguen, den Capricen, dem Übermute von „Dorfmagnaten" entgegenzukommen, und wenn Regierungen, die sich populär machen wollten, das manchmal auftretende Gelüste hätschelten, die Expropriation im kleinen so zu behandeln wie Louis Napoleon im großen.

S. Escher, Handbuch der praktischen Politik, Bd. 1, S. 361.

In der Tat ist die Enteignung nicht dazu da, um wirkliche oder vermeintliche „Gefühle" der Allgemeinheit, etwa einen in größeren Volkskreisen gehegten Wunsch nach Beseitigung bedeutender Vermögen, zu erfüllen. Noch weniger natürlich, um unedle Gefühle des Neides, des Hasses, der Rache, der „Wiedervergeltung" zu befriedigen. Jedes unsachliche Motiv macht eine an sich dem freien Ermessen überlassene Handlung zum Ermessensmißbrauch. Sie ist, wie die Franzosen das nennen, „détournement de pouvoir".

2) Einen andern und nicht minder wertvollen Fingerzeig gibt uns die, wie wir sahen, im Prinzip richtige Lehre, daß eine Enteignung immer nur zugunsten eines bestimmten Unternehmens stattfinden dürfe. Richtig verstanden, will der Satz nämlich besagen: das Opfer, das die Enteignung dem Bürger auferlegt, muß ein Interesse befriedigen, das nicht bloß in der Auferlegung des Opfers und der Hinnahme des Geopferten selber besteht. Eben dadurch unterscheidet sich die Enteignung von einer Konfiskation zur Strafe. Auch diese dient dem „öffentlichen Wohle", aber bei ihr ist das dem Einzelnen auferlegte Opfer Selbstzweck. Bei der Enteignung dagegen soll geopfert werden für einen außerhalb des Opfers liegenden Staatszweck, der sich in der Vornahme einer konkreten Einzelunternehmung des Staates, insbesondere der öffentlichen Verwaltung äußert. Man braucht dabei heute angesichts der allgemeinen Fassung unserer Gesetze, die auf das Wohl der Allgemeinheit schlechthin verweisen, nicht notwendig an ein „Unternehmen" in einem technischen Sinne zu denken. Nicht nur Eisenbahnbauten, Kanalisationen und dergleichen sind „Unternehmungen" das Staates. Auch ein Krieg, auch die Vornahme einer Agrarreform usw. kann ein „Unternehmen" im Sinne des Enteignungsrechtes sein.

Vgl. Triepel, Roter Tag aaO. — M. Wolff, aaO. S. 14 ff.

Aber jedenfalls muß der Zweck der Enteignung ein anderer sein als die bloße Vermögensverschiebung, in der die Enteignung selber besteht. Darum ist ja auch immer anerkannt worden, daß lediglich zu „fiskalischen", zu „ärarischen" Staats- oder Gemeindezwecken nicht enteignet werden dürfe.

In besonderer Anwendung auf den Art. 153 der Reichsverfassung hat das Reichsgericht unserm Gedanken in folgenden Worten Ausdruck gegeben: „Der im Art. 153 erforderte Nutzen für die Allgemeinheit muß über den durch die vorgenommene Rechtsentziehung an sich und ohne weiteres erreichten Vorteil hinausgehen oder außerhalb dieses Vorteils bestehen." Man kann das Wesentliche nicht besser formulieren, als es in diesem kurzen Satze geschehen ist.

S. Entscheidungen des Reichsgerichts, ZS., Bd. 103, S. 202.

Ist das alles aber richtig, so folgt daraus von selbst, daß die von den Durchführungsbestimmungen vorgesehene Enteignung der Vorzugsaktionäre zugunsten der Stammaktionäre oder der Aktiengesellschaft nicht „zum Wohle der Allgemeinheit" vorgenommen werden würde. Denn es läßt sich in keiner Weise dartun, inwiefern die in dieser Form geschehende Bereicherung der begünstigten Personen einem außerhalb dieser Vermögensverschiebung liegenden Zwecke, einem öffentlichen Unternehmen, einem „gemeinnützigen Vorhaben", mag man diesen Begriffen einen noch so weiten Inhalt geben, dienstbar sein solle. Ja, es läßt sich, wie später noch näher zu begründen, überhaupt keine ausreichende sachliche Erwägung finden, durch die jene Bereicherung zu rechtfertigen wäre. Die Enteignung ist also unzulässig.

c) Wenn man — den oben getroffenen Feststellungen zuwider — aus irgendeinem Grunde bei der Meinung beharren wollte, es handle sich im Falle des § 28 der Durchführungsbestimmungen nicht um eine echte Enteignung, so würde doch die hier zum Nachteile der Vorzugsaktionäre verfügte Maßnahme dem ersten Absatze des Art. 153 der RV. zuwiderlaufen, welcher erklärt: „Das Eigentum ist unverletzlich." Mit diesem lapidaren Satze ist gesagt, daß die Verfassung sowohl das Privateigentum als Rechtsinstitut, wie die „bestehenden und neu entstehenden konkreten Privatrechte jedes einzelnen Rechtssubjektes" unter ihren Schutz stellen und vor Eingriffen der Staatsgewalt sichern wolle.

Vgl. M. Wolff, aaO. S. 5.

Allerdings schließt diese „Gewährleistung" des Eigentums nicht jeden Eingriff der öffentlichen Gewalt in das Privateigentum aus. Denn der zweite Satz des Abs. 1 gibt der Gesetzgebung die Möglichkeit, für das Eigentum „Schranken" zu ziehen. Und es fragt sich, ob nicht dieser Satz dem Gesetze anheimgibt, auch Eigentumsentziehungen und -übertragungen vorzunehmen. Legt man freilich die Bestimmung mit M. Wolff (aaO. S. 7) in der Weise aus, daß sie nur an die Schranken denke, die die Rechtsordnung dem Einwirkungs- und Ausschließungsbelieben des Eigentümers ziehe, so würde, da ja das so beschränkte Belieben nichts anderes als „Eigentumsinhalt" wäre, die Erwähnung der Schranken neben dem Inhalte des Eigentums eine Tautologie bedeuten. Dies würde aber m. E. zu unerwünschten Folgerungen führen. Denn dann würde die Verfassung dem Gesetze Entziehungen des Eigentums, die nicht Enteignungen in dem spezifischen Sinne des Abs. 2 sind, schlechthin verboten haben. Dann wäre es also nicht zu rechtfertigen, daß ein einfaches Gesetz die Einziehung von Vermögensgegenständen zu strafrechtlichen oder zu polizeilichen Zwecken gestattete — ein Ergebnis, das unmöglich ist und deshalb auch nicht im Sinne der Verfassung liegen kann. Man wird deshalb entweder den Ausdruck „Schranken" in einem weiteren Sinne verstehen müssen, oder man wird, was auf dasselbe hinausläuft, die Bestimmung in einer Weise zu ergänzen haben, die dem Gesetzgeber die Befugnis einräumt, Entziehungen oder Übertragungen privater Vermögensrechte vorzunehmen oder zu gestatten.

Aber freilich — diese Befugnis ist nicht unbeschränkt. Sie findet ihre Begrenzung zum einen Teile in anderweitigen Vorschriften der Verfassung. So hauptsächlich in den für den Fall der „Enteignung" in Abs. 2 des Art. 153 gegebenen Anordnungen, so in der Bestimmung über die Gleichheit vor dem Gesetze (Art. 109), von der sofort genauer gesprochen werden soll, so in dem Grundsatze der Verhältnismäßigkeit bei der Auferlegung öffentlicher Lasten (Art. 134). Zum andern aber findet sich die Begrenzung in immanenten Prinzipien der Rechtsordnung als solcher. Dahin gehört in erster Reihe wieder der Satz, daß rechtliche Regelung niemals Willkür sein kann. Auch der Gesetzgeber muß sich durch sachliche Erwägungen leiten lassen.

In diesem Sinne sind wohl auch die Ausführungen von M ü g e l, „Köln. Zeitung" Nr. 127 vom 20. Februar 1924, über das Verhältnis der dritten Steuernotverordnung zu Art. 153, Abs. 1 der Reichsverfassung gemeint.

Daher kann die Strafkonfiskation oder die Vernichtung seuchengefährlichen Viehs durch das Gesetz verfügt werden, weil das eine wie das andere zu einem rechtlich gebilligten Zwecke geschieht. Wenn dagegen ein Gesetz, um ein krasses Beispiel zu wählen, bestimmen wollte, daß die Aktien der Aktiengesellschaften von einem bestimmten Termine an sämtlich den Mitgliedern des Aufsichtsrats gehören sollten, so wäre das verfassungswidrig, weil es reine Willkür bedeuten würde. Willkür ist aber auch die im § 28 der Durchführungsbestimmungen angeordnete Benachteiligung der Vorzugsaktionäre. Der Nachweis dafür wird am besten mit der nachfolgenden Betrachtung verbunden.

2.

Die Durchführungsbestimmungen verstoßen in mehrfacher Beziehung gegen das verfassungsmäßige Grundrecht der G l e i c h h e i t aller Deutschen vor dem Gesetz (Art. 109 Abs. 1).

Der Grundsatz des Art. 109 Abs. 1 hat bisher in der deutschen Wissenschaft und Praxis noch nicht die gebührende Beachtung gefunden. Das wird sich ändern, sobald man die außerordentliche Tragweite erkennt, die dem unter den Schutz der Reichsverfassung gestellten Prinzip der Gleichheit zukommt. Der erste Satz des Art. 109 enthält nämlich keineswegs nur eine Formulierung des dem demokratischen Charakter der Verfassung entsprechenden Gleichheitsideals im Sinne des Ausschlusses einer „Klassengesetzgebung". Er schließt nicht nur das Verbot unterschiedlicher Behandlung der Bürger in bezug auf die im Art. 109 selbst und in einigen späteren Artikeln behandelten Fragen in sich. Er bedeutet vielmehr nicht weniger als das Verbot differenzieller Behandlung von T a t b e s t ä n d e n, die — nach den sofort zu entwickelnden Prinzipien — gleichmäßig behandelt werden müssen. Es verhält sich mit dem Satze des Art. 109 nicht anders als mit dem entsprechenden Artikel der a m e r i k a n i s c h e n Bundesverfassung, der den Bürgern der Union die „equal protection of the laws" verbürgt (Amendments Art. XIV, s. 1). Ursprünglich in erster Linie als eine Garantie der Gleichheit zwischen weißer und farbiger Rasse gedacht, war die Fassung des Amendment XIV doch weit genug, um der Rechtsprechung sowohl der Staatengerichte wie des Oberbundesgerichts die Möglichkeit zu geben, in einer fast unübersehbar gewordenen Fülle von Entscheidungen das Prinzip auf Tatbestände der allerverschiedensten Art anzuwenden.

Eine Zusammenstellung vieler, aber längst nicht aller Präjudizien bei B o u v i e r, Law Dictionary, 3. Aufl. von Rawle, Bd. 1 (1914), S. 1046 ff.

Ebenso steht es mit dem, im Wortlaute mit unserem Verfassungssatze übereinstimmenden Art. 4 der S c h w e i z e r i s c h e n Bundesverfassung: „Alle Schweizer sind vor dem Gesetze gleich." Die umfängliche Judikatur des schweizerischen Bundesgerichts hat diesen Artikel nicht nur als Norm für die Gleichbehandlung von Ständen oder Geschlechtern oder Konfessionen, sondern schlechthin als Norm für die Gleichbehandlung aller Tatbestände aufgefaßt, die eine gleiche Behandlung verdienen.

Vgl. B u r c k h a r d t, Kommentar der Schweizerischen Bundesverfassung, 2. Aufl., S. 63, 64.

Das ist ja im Grunde beinahe selbstverständlich. Denn da ein rechtlich geregelter Tatbestand stets eine Beziehung zu einem Rechtssubjekte besitzt, so liegt in der Differenzierung von Tatbeständen gleichzeitig eine Differenzierung von Individuen unter irgendeinem Gesichtspunkte. Dabei spielt es keine Rolle, ob dieser Tatbestand mit hohen oder geringfügigen Lebensinteressen der Individuen im Zusammenhange steht. Sowohl in der amerikanischen wie in der schweizerischen Rechtsprechung wird bei der Behandlung des Gegenstandes Wichtiges und Unwichtiges mit gleicher Sorgfalt untersucht. Die Frage, ob es gestattet sei, Kindern den Besuch von Filmvorführungen, nicht auch von anderen Schaustellungen zu untersagen, oder ob es erlaubt sei, die Insassen der Gefängnisse kahl zu scheeren, wird mit derselben Gründlichkeit geprüft wie die Frage, ob man für Pressedelikte eine besondere strafrechtliche Verantwortlichkeit einführen, oder ob man den Zeugenbeweis in Meineidsprozessen ausschließen oder zulassen dürfe, je nachdem der Wert des Streitgegenstandes in dem Zivilprozesse, in dem ein falscher Parteieid geschworen worden, hoch oder niedrig gewesen ist.

Vgl. die Entscheidung in Sachen Ho Ah Con v. Nunan, 5 Sawyer's Reports 552. (Das Rasieren des Kopfes in einer mit Weißen und Chinesen belegten Gefangenenanstalt darf nicht angeordnet werden, weil es für den Chinesen degradierender ist als für andere Sträflinge.) — Entsch. des Schweiz. Bundesgerichts, Bd. 24, S. 239; Bd. 32, S. 616, 620; Bd. 39, 1, S. 17; Bd. 41, 1, S. 269; Bd. 42, 1, S. 276.

Nun hat man für das Grundrecht der Gleichheit vor dem Gesetze mit besonderer Schärfe betont, es sei in der Reichsverfassung, wie schon in der früheren preußischen Verfassung (Art. 4), nur als eine Norm für Justiz und Verwaltung, nicht für die G e s e t z g e b u n g selbst gedacht. Der Grundsatz sei eine Richtschnur für den, der das Gesetz anwende, nicht für den, der das Gesetz erlasse.

Vgl. A n s c h ü t z, Preußische Verfassungsurkunde, Bd. 1, S. 108 ff; Reichsverfassung, S. 189.

Diese Behauptung ist sicher unrichtig. Wenn sie zuträfe, würde das Grundrecht der Rechtsgleichheit fast bedeutungslos sein. Denn sowohl der Richter wie die Verwaltungsbehörde kommt verhältnismäßig selten in die Lage, bei der Rechtsanwendung willkürlich eine Differenzierung der Staatsbürger vorzunehmen. Entweder enthält nämlich — und das ist die Regel — das anzuwendende Gesetz für alle, die es angeht, gleichmäßige Bestimmungen; man denke an das Bürgerliche Gesetzbuch, das Strafgesetzbuch, die Justizgesetze. Dann ist eine ungleiche Behandlung schon durch das Gesetz ausgeschlossen. Oder das Gesetz macht Unterschiede zwischen den Staatsbürgern. Dann sind Justiz und Verwaltung, da sie ja eben dieses Gesetz anzuwenden haben, zu ungleicher Behandlung der Bürger geradezu genötigt. Der Grundsatz der Rechtsgleichheit kann also bei der Rechtsanwendung nur dort eine Rolle spielen, wo Richter und Verwaltungsbehörden nach freiem Ermessen zu entscheiden haben; da hat er dann allerdings gewiß eine nicht unbeträchtliche Bedeutung, indem er das Ermessen in einer bestimmten Weise einengt.

Vgl. v. Laun, Das freie Ermessen und seine Grenzen, S. 190 ff. — W. Jellinek, aaO. S. 261 f., 323 ff. — Fleiner, aaO. S. 125 ff. — Aus der Judikatur s. etwa Entsch. des OVG., Bd. 54, S. 266.

Man darf der an manchen Stellen bestehenden, wie ich meine, verhängnisvollen Neigung, die Bedeutung der Grundrechte auf ein Nichts zurückzuführen, keinen Vorschub leisten. Im Zweifel müssen die Grundrechtsartikel der Verfassung doch so ausgelegt werden, daß sie einen verständigen Sinn und einen Rechtsinhalt ergeben. Sie für leere Deklamation zu erklären, geht nur dort an, wo die Wortfassung in der Tat keinen rechtlichen Gehalt erkennen läßt. Man muß ferner auch dem heute noch ziemlich verbreiteten Gesetzesabsolutismus entgegentreten, d. h. der Tendenz, den Gesetzgeber von jeder rechtlichen Schranke loszusprechen. Eine Anschauung solcher Art war selbst mit den Verhältnissen des konstitutionell-monarchischen Staates nicht verträglich. In der demokratischen Republik ist sie schlechterdings unmöglich geworden. Hier gehört der Vorrang der Verfassung vor dem einfachen Gesetze zu den Axiomen, von denen überall ausgegangen werden muß. Das Gesetz ist hier nicht „Souveränitätsakt", sondern ein verfassungsmäßig gebundener Akt der Staatsgewalt.

Vgl. Triepel, Verhandlungen des Bamberger Juristentages 1921, S. 20 f.; Streitigkeiten zwischen Reich und Ländern (Berliner Festschrift für Kahl), S. 93 f. — Siehe auch neuestens den vortrefflichen Aufsatz: „Gesetzesdämmerung" von J. Goldschmidt in der JWS. 1924, S. 245 ff.

Es bleibt also dabei, daß die Grundrechte der Verfassung, wie wir schon feststellten, „Richtschnur und Schranke" für Verwaltung und Gesetzgebung in den Ländern und im Reiche bedeuten. Das gilt mithin auch für den Grundsatz der Gleichheit vor dem Gesetze. Er verlangt nicht nur gleiche Behandlung der Bürger bei der Anwendung der Gesetze, sondern auch gleiche Behandlung durch die Gesetze. Ob die ehemalige preußische Verfassung anders zu verstehen war, ist gleichgültig. Was für sie galt, braucht nicht für die heutige Reichsverfassung zu gelten. Im übrigen hat vertiefte Betrachtungsweise auch schon in der vorrevolutionären Zeit den Grundsatz in demselben Sinne aufgefaßt, wie wir es tun.

Vgl. namentlich Stammler, Privilegien und Vorrechte (1903), S. 17, 37.

Es ist weiterhin zu beachten, daß die Verfassungen der nichtdeutschen Demokratien, die den Grundsatz der Rechtsgleichheit, zum Teil mit denselben Worten wie die deutsche Reichsverfassung, anerkennen, von den berufensten Auslegern in der gleichen Weise gedeutet worden sind. Man höre das Schweizerische Bundesgericht. „Das in Art. 4 der BV. niedergelegte Prinzip . . . ist als grundsätzliche Norm sowohl für die verwaltende und richterliche, als auch für die gesetzgeberische Tätigkeit der Staatsbehörden maßgebend. Es wird dadurch sowohl gleiche Anwendung der Gesetze auf alle Bürger als auch gleiche Behandlung derselben durch den Gesetzgeber gefordert."

Vgl. Entscheidungen des Schweiz. Bundesgerichts, Bd. 6, S. 172 f.

Die schweizerische Literatur steht auf demselben Boden.

Vgl. Blumer-Morel, Handbuch des Schweiz. Bundesstaatsrechts, 3. Aufl., Bd. 1, S. 364 f. — Burckhardt, aaO. S. 61 — Schollenberger, Bundesverfassung der Schweiz. Eidgenossenschaft, S. 115. — Fleiner, Schweizerisches Bundesstaatsrecht, S. 282, 284.

Ebenso sind die Amerikaner der Ansicht, daß die Forderung des „gleichen Schutzes der Gesetze" eine Forderung nicht bloß an die Verwaltung, sondern auch, ja in erster Linie, an die Gesetzgebung bedeute.

Vgl. z. B. Freund, Das öffentliche Recht der Vereinigten Staaten von Amerika, S. 3, 37, 54 ff., 61.

Dabei wird von der m. E. richtigen Ansicht als sichere Tatsache angenommen, daß die Forderung der „equal protection of the laws", obwohl im XIV. Amendment nur an die Einzelstaaten gerichtet, auch als selbstverständliches Gebot gegenüber der Unionsgesetzgebung aufzufassen sei.

Vgl. v. Holst, Staatsrecht der Vereinigten Staaten von Amerika, S. 135. — Die Literatur betont freilich häufig sehr stark, daß formell das Amendment nur die Staaten binde. Vgl. z. B. Hare, American Constitutional Law, Bd. 1, S. 511, 517.

In der Schweiz steht man auf demselben Standpunkte. Nur daß hier, weil dem Bundesgerichte das Prüfungsrecht in bezug auf Bundesgesetze ausdrücklich versagt worden ist, die Frage, soweit die Bundesgesetzgebung in Betracht kommt, weniger praktisch ist als in den Vereinigten Staaten.

Was heißt nun aber Gleichheit vor dem Gesetze? Zweifellos nicht absolute, nicht schematische Gleichheit aller Staatsbürger und nicht Gleichheit in jeder Beziehung. Das Gesetz kann nicht Alt und Jung, Mann und Weib in allen Dingen gleich behandeln und braucht es nicht zu tun. Es soll zwar Arm und Reich in bezug auf die Zulassung zum Prozesse, aber gewiß nicht in bezug auf die Steuerleistung gleich behandeln. Absolute Gleichheit würde die größte Ungleichheit bewirken. Gleichheit bedeutet also hier verhältnismäßige Gleichheit. Genauer: sie bedeutet gleiche Behandlung von Tatbeständen, die in bestimmtem Zusammenhange gleich behandelt zu werden verdienen.

Damit ist freilich das Problem nicht gelöst, vielmehr erst gestellt. Was verdient gleich behandelt zu werden und umgekehrt, wodurch läßt sich eine rechtliche Differenzierung der Bürger rechtfertigen?

Die Anwort ist zum Teil zu entnehmen aus den bedingten Inhalten des positiven Rechts und der nach Zeit und Ort wandelbaren Anschauungen der Gesellschaft. Wir verpönen heute, anders als unsere Vorfahren, ungleiche Behandlung der Stände, der Religionsbekenntnisse, der Rassen, der Landsmannschaften, bis zu gewissem Grade auch der Geschlechter, und wir verpönen Ungleichmäßigkeit bei der Auferlegung von Lasten und Diensten, bei der Unterstellung unter die staatliche Gerichtsbarkeit usw. Solche Anschauungen finden dann wohl im Gesetze oder gar in der Verfassung einen das Prinzip der Gleichheit im Einzelnen genauer bestimmenden Ausdruck (vergl. einerseits RV. Art. 109, Abs. 2, 3; 110 Abs. 2; 113; 119, Abs. 1; 121; 136, andererseits RV. Art. 105, 128, 132 bis 134).

Die Antwort auf unsere Frage ergibt sich aber weiter und letztlich wieder aus immanenten Prinzipien der Rechtsordnung selbst. Das Recht ist eine Ordnung des Gemeinlebens nach objektiven Maßstäben. Alle subjektive Willkür ist eine Sünde wider den heiligen Geist des Rechtes. Der Grundsatz der Gleichheit vor dem Gesetz bedeutet die Forderung, daß die einzelnen Rechtssätze alles als gleich zu behandeln haben, was ungleich zu behandeln W i l l k ü r bedeuten, d. h. auf dem Mangel einer ernsthaften Erwägung beruhen würde. Das Prinzip der Gleichheit vor dem Gesetz wird durch Unterscheidungen verletzt, für welche sich entweder kein oder doch kein bei vernünftig und gerecht denkenden Menschen verfangender Grund anführen läßt.

Vgl. S t a m m l e r, Privilegien und Vorrechte, S. 39, 47; Rechtsphilosophie, S. 310, 346, und die ausgezeichnete Entwicklung bei B u r c k h a r d t, aaO. S. 61 ff.

Dieser Gedanke ist in der Rechtsprechung der amerikanischen Gerichte, mit besonderer Klarheit und Folgerichtigkeit in der Judikatur des Schweizerischen Bundesgerichts durchgeführt worden. Der Grundsatz des „gleichen Schutzes der Gesetze", heißt es in den Vereinigten Staaten, verbietet dem Gesetzgeber nicht, in bezug auf die von ihm geregelten Tatbestände „distinctions", „discriminations", „classifications" vorzunehmen. Aber diese Unterscheidungen müssen auf einem „r e a s o n a b l e g r o u n d" beruhen, dürfen nicht willkürlich, nicht „a r b i t r a r y" sein. Die Differenzierung in der Rechtsfolge muß in einem „v e r n ü n f t i g e n u n d g e r e c h t e n V e r h ä l t n i s s e" zur Klassifizierung im Tatbestande stehen.

Vgl. etwa Mc C l a i n, Constitutional Law of the United States, 2. Aufl. (1910), S. 353. — F r e u n d, The Police Power (1904), S. 632 ff., 705 ff. — Aus der Rechtsprechung siehe z. B. die Fälle: Jones v. Brine 165 U. St. Rep. 180; Holden v. Hardy 169 U. St. Rep. 395; Magown v. Illinois Trust 170 U. St. Rep. 283; Connolly v. Piper Co. 184 U. St. Rep. 560; Interstate C. S. Railway Co. v. Massachusetts 207 U. St. Rep. 79; Watson v. Maryland 218 U. St. Rep. 173.

Wenn daher z. B. ein Gesetz des Staates Texas Eisenbahngesellschaften, die auf Schadensersatz wegen Tötung oder Beschädigung von Vieh verklagt werden, und n u r s i e verpflichtet, dem Kläger unter allen Umständen 10 Dollar Advokatenkosten zu bezahlen, gleichviel ob der

Kläger Kosten in dieser Höhe hat aufwenden müssen oder nicht, oder wenn ein anderes Gesetz die Eisenbahnen verhindert, Tarife in vernünftiger Höhe aufzustellen, während andere Personen das Recht behalten, „aus ihrem investierten Kapital vernünftigen Nutzen zu ziehen", so werden diese Gesetze wegen Willkür für ungültig erklärt. Es läßt sich hier, sagt das Oberbundesgericht, kein beachtlicher, den Rechtsanschauungen der Gegenwart entsprechender Grund finden, weshalb der Gesetzgeber die differenzielle Behandlung gerade der Eisenbahnen angeordnet hat. Oder wenn durch Gesetz oder Verordnung eine Belastung polizeilicher Art für Viehhöfe eingeführt wird, die jährlich bis zu 100 Stück Vieh aufnehmen, während man größere Viehhöfe unbeschwert läßt, so ist das ungültig, sofern sich nicht ersehen läßt, warum nicht für einen Hof mit 101 Stück dieselbe Belastung wie für die kleineren zu rechtfertigen ist. Dabei sehen die Gerichte mit Sorgfalt darauf, daß sich nicht etwa unter einer äußerlich harmlosen Bestimmung eine unerlaubte „discrimination" versteckt. Eine kalifornische Verordnung führt die Konzessionspflicht für hölzerne Waschhäuser ein. Das ist scheinbar durchaus vernünftig; denn eine Wäscherei ist in hölzernen Häusern feuergefährlicher als in steinernen. Aber das Gericht stellt fest, daß sich hinter der Verordnung die Absicht verbirgt, den chinesischen Wäschereien Schwierigkeiten zu machen, weil es vorzugsweise Chinesen sind, die jenes Gewerbe in Holzhäusern betreiben, und erklärt die Verordnung für ungültig.

Vgl. statt vieler die Entscheidungen in Sachen Gulf, C. & S. Railway Co. v. Ellis, 165 U. St. Rep. 150, besonders 155, 165; Chicago M. & St. P. Railway Co. v. Minnesota 134 U. St. Rep. 418, besonders 458; Cotting v. Kansas City Stock Yards Co. 183 U. St. Rep. 79; Yick Wo v. Hopkins 118 U. St. Rep. 356 und zu diesem Urteil L o e w y, Die bestrittene Verfassungsmäßigkeit der Arbeitergesetze in den Vereinigten Staaten (1905), S. 15.

Ähnlich, nur noch vertiefter, ist die Praxis des Schweizerischen Bundesgerichts. Der Grundsatz der Verfassung, sagt der Gerichtshof, verlangt zwar nicht schematische Gleichbehandlung, aber Gleichbehandlung der Bürger unter der Veraussetzung der Gleichheit „aller erheblichen tatsächlichen Verhältnisse". Er verbietet eine Differenzierung, die „nicht auf o b j e k t i v e G r ü n d e", sondern nur „auf w i l l k ü r l i c h e S a t z u n g" zurückgeführt werden kann. Die Gründe für die Differenzierung müssen vielmehr „plausibel" sein. Das aufgestellte Unterscheidungsmerkmal muß sich „n a c h a l l g e m e i n e r A u f f a s s u n g als ein w e s e n t l i c h e s darstellen". Jede Differenzierung ist willkürlich, die nicht ihre Berechtigung „in entscheidenden Erwägungen allgemeinen Charakters u n d i n d e r N a t u r d e r B e z i e h u n g e n s e l b s t findet, die das Gesetz zu regeln hat". Es geht z. B. nicht an, daß das Gesetz eine Steuer einer einzelnen Gruppe von Bürgern auflegt, für deren Auswahl ein sachlicher Grund nicht erfindlich ist. Obwohl es an sich gewiß zulässig ist, öffentlich-rechtliche Eigentumsbeschränkungen einzuführen, so muß dies doch geschehen, „d'une manière générale, égale pour tous." Und wenn in dem schon erwähnten Falle das Gesetz die Zulässigkeit des Zeugenbeweises im Meineidsverfahren abhängig macht von der Höhe der Streitsumme im vorausgegangenen Zivilprozesse, so hat das unter Umständen die Folge, daß schwere Delikte straflos bleiben, kleinere bestraft werden; das beruht nicht auf rechtlich und sittlich berechtigter Erwägung, ist also verfassungswidrig.

Vgl. außer den schon angeführten Erkenntnissen die Entscheidungen in Bd. 2, S. 382; Bd. 6, S. 174; Bd. 27, S. 1; Bd. 28. 1, S. 313 ff.; Bd. 30. 1, S. 337; Bd. 43. 1, S. 40; Bd. 46. 1, S. 380, 389; Bd. 48. 1, S. 28 u. a. m.

Legen wir diese Sätze, wie notwendig und zulässig, auch der Auslegung des Art. 109 der Weimarer Reichsverfassung zugrunde, und wenden wir sie auf den zur Begutachtung stehenden Fall an, so ergibt sich folgendes.

Es würde an sich nicht schlechterdings unzulässig sein, daß die Durchführungsbestimmungen zur GBV. aus Anlaß der Umstellung von Aktiengesellschaften eine verschiedene Behandlung für verschiedene Gattungen von Aktien vorschrieben. So läßt es sich z. B. rechtfertigen, ja es ist geboten, daß man bei dieser Gelegenheit den Verwaltungsaktien, insbesondere den zum Schutze der Verwaltung gegen Überfremdung ausgegebenen Vorzugs- oder Stammaktien, einen geringeren Anteil am Grundkapital als andern Aktien einräumt. Denn hier hat die Ausgabe der Aktien eine Beteiligung am Vermögen der Gesellschaft von vornherein nicht in demselben Maße wie bei gewöhnlichen Aktien im Auge gehabt. Dagegen läßt sich das im § 28 der Bestimmungen eingeführte privilegium odiosum der dort genannten Aktien durch keine sachlich begründete Erwägung rechtfertigen. Es genügt dafür nicht, daß man das Recht der Inhaber jener Aktien anders „juristisch konstruiert“ als die Rechte anderer Aktionäre, daß man sich auf ihre Eigenart als „obligationsähnliche“ Aktien beruft — eine Konstruktion, gegen die überdies gewichtige Bedenken vorliegen und von sachverständiger Seite auch geltend gemacht worden sind. Es genügt auch nicht, darauf hinzuweisen, daß jene Aktien eine andere wirtschaftliche Bedeutung besitzen als andere, — überdies wiederum ein Argument, gegen das bereits triftige Gründe ins Feld geführt worden sind.

Vgl. A. Friedmann, E. Heymann u. E. Wolff, Die AEG-Vorzugsaktien (s. oben S. 14), S. 4, 9 ff., 17 ff., 27.

Denn es fragt sich ja eben, ob diese Gründe ausreichen, um eine differentielle Behandlung der fraglichen Vorzugsaktien gerade bei der Umstellung des Aktienkapitals zu rechtfertigen. Man kann sich die Sache an Beispielen klar machen, die wir der vorhin geschilderten ausländischen Gerichtspraxis entnehmen. Es kann niemand daran zweifeln, daß zwischen Pressedelikten und anderen Straftaten sehr beträchtliche juristische Unterschiede bestehen, und daß ein Viehhandelsgeschäft mit einem Umsatze von 100 Stück Vieh von einem gleichen Geschäfte mit einem Umsatze von 1000 Stück wirtschaftlich verschieden ist. Dort wird es daher vielleicht angebracht sein, bezüglich des Strafmaßes oder bezüglich des Gerichtsstandes andere Normen für Pressedelikte, andere für andere Vergehen aufzustellen; hier ist es gerechtfertigt, das Geschäft mit dem größeren Umsatze anders zu besteuern als kleinere Geschäfte. Aber in bezug etwa auf die strafrechtliche Verantwortlichkeit der Pressedelikte als solche und in bezug etwa auf polizeiliche Vorschriften über die Umzäunung der Viehhöfe liegt die Sache gerade umgekehrt. Denn in jenem Falle ist ein „vernünftiger Zusammenhang" zwischen der Rechtsnorm und dem Tatbestande, auf den sie sich bezieht, vorhanden, im zweiten Falle dagegen nicht. Was die in § 28 Abs. 1 der Durchführungsbestimmungen genannten Vorzugsaktien anlangt, so wird deren juristischer und wirtschaftlicher Unterschied von andern Aktien, wenn er überhaupt vorhanden ist, doch jedenfalls erst im Falle der Liquidation oder der Kündigung von Bedeutung. Bis dahin aber haben jene Aktien, die an der Börse eingeführt, im Publikum untergebracht und im Verkehre stets als mit andern Vorzugsaktien gleichwertig betrachtet worden sind, den gleichen rechtlichen Charakter und den gleichen ökonomischen Wert wie diese. Deshalb gebricht es an einem ausreichenden Grunde, daß man während des Bestehens der Gesellschaft bei der Umstellung des Kapitals eine differentielle Behandlung bezüglich der quotenmäßigen Bemessung des Vermögensanteils eintreten läßt. Auch die Vertreter der Ansicht, daß die „schuldverschreibungsähnlichen" Aktien bei ihrer Einziehung eine andere Behandlung erfordern als andere Aktien, haben doch ausdrücklich erklärt, daß für die Umstellung als solche eine differentielle Behandlung der Aktiengattungen nicht in Frage kommen könne, daß es insbesondere unzulässig sei, den Goldmarkwert der auf die Vorzugsaktien geleisteten Einzahlungen für das Maß der jenen nach der Umstellung zuzubilligenden Rechte zur Grundlage zu nehmen.

Vgl. Flechtheim, aaO. S. 88. — Pinner, Bankarchiv, Bd. 23, S. 127 f.

Wenn man also bei der Umstellung den Kapitalanteil der Vorzugsaktien des § 28 nach der Goldeinzahlung bemißt, während man diesen Gesichtspunkt für die Berechnung des Anteils bei andern Aktien unberücksichtigt läßt, wenn man umgekehrt die Goldeinlage der Vorzugsaktien in dem Falle nicht beachtet, in dem die Umrechnung ergibt, daß der Betrag der Einlage höher ist als der, der dem Verhältnisse der Nennbeträge der Aktiengattungen zueinander entspricht (s. oben S. 5), so läßt sich für diese Benachteiligung der Vorzugsaktien kein „vernünftiger" Grund auffinden. Sie steht in keinem inneren Verhältnisse zu dem sozusagen rein technischen Zwecke, den die GBV. verfolgt. Und noch weniger läßt sich rechtfertigen, daß die Durchführungsbestimmungen nur für Streitigkeiten zwischen den Inhabern bestimmter Aktiengattungen und der Gesellschaft den Ausschluß des Rechtsweges verfügen.

Die Sache wird nicht besser, sondern schlimmer, wenn man bedenkt, daß es in Deutschland nur sehr wenige, genauer: nur einige zwanzig Aktiengesellschaften gibt, bei denen Aktien der im § 28 genannten Art vorkommen, und daß sich die wichtigsten davon in der

AEG und deren Konzern finden. Lassen sich daher tiefere Gründe für die geschilderte Benachteiligung jener Aktiengattung nicht angeben, so könnte ein böswilliger Beurteiler auf den Gedanken verfallen, daß man in der Tat nichts anderes im Auge gehabt habe, als die Stammaktionäre dieser Aktiengesellschaften zu begünstigen, den Gesellschaften selber die Amortisation der Vorzugsaktien zu wohlfeilen Bedingungen zu ermöglichen und den für die Verwaltungen unbequemen Vorzugsaktionären ihre Stellung in den Gesellschaften zu verleiden. Dies wäre freilich, vom Standpunkte des Rechts wie der Moral betrachtet, eine nicht nur unzureichende, sondern eine unerlaubte Absicht. Es versteht sich von selbst, daß ein vorsichtiger und gewissenhafter Beurteiler niemals der Reichsregierung eine solche Tendenz unterschieben wird. Dem Gesetzgeber ist, wie die Amerikaner mit Recht sagen, von vornherein immer „good faith“ zuzutrauen. Man wird sich deshalb in unserm Falle auch nicht gern das harte Wort des Abgeordneten Dr. Düringer zu eigen machen: man möchte meinen, daß gewisse Verordnungen nicht in den Bureaus des Reichsfinanzministeriums, sondern etwa in den Direktionsbureaus der AEG oder einer sonstigen bedeutenden Kapitalgesellschaft entstanden seien (Sitzung d. RT. vom 10. März 1924, Sten. Ber. S. 12 699). Aber daß ein solches Wort überhaupt aus dem Munde eines so hervorragenden Juristen fallen konnte, zeigt, wie schwer es für objektiv denkende, den Interessenkämpfen der Finanzwelt entrückte Männer ist, bei manchen der neuesten Regierungsverordnungen eine ihnen zugrunde liegende sachliche Erwägung zu finden. Und zu diesen Verordnungen gehören die Durchführungsbestimmungen zur GBV., soweit sie die hier besprochenen Vorschriften enthalten. Die Sache steht in Wirklichkeit offenbar so, daß die Verfasser der Durchführungsbestimmungen den kürzlich erfundenen Gegensatz zwischen „schuldverschreibungsähnlichen“ und anderen Aktien ohne Not von dem Gebiete des Steuerrechts, wo er allenfalls, obwohl auch dies zweifelhaft ist, seine Berechtigung besitzen mag, auf ein anderes Gebiet übertragen haben, auf dem er nichts zu suchen hat, daß sie ihn auf einen Tatbestand anwendeten, für den er nicht geschaffen ist und für den er nicht paßt. Die künstliche Herbeiführung einer Differenzierung durch Anwendung einer willkürlichen juristischen Konstruktion ist aber eben eine Verletzung des Prinzips der Gleichheit.

Man kann sich schließlich auch nicht darauf berufen, daß die Durchführungsbestimmungen die für die Vorzugsaktien des § 28 gegebenen Vorschriften, wenn auch mit einigen Modifikationen, im § 29 auf sogenannte „Inflationsaktien“ mit erhöhtem Stimmrecht und im § 30 auf sogenannte Vorrats- oder Verfügungsaktien anwenden. Denn diese Zusammenstellung zeigt gerade, daß man ohne ausreichenden Grund Aktien von verschiedener Bedeutung auf denselben Nenner gebracht, daß man z. B. die Verwaltungsaktien, die ja einen ganz anderen Sinn als jene Vorzugsaktien besitzen, mit diesen in wesentlichen Dingen gleichgestellt, daß man also, dem Prinzip des Art. 109 zuwider, Ungleiches gleich behandelt hat. Umgekehrt: Die Verordnung hat in § 33 das allgemeine Umstellungsprinzip auf Genußscheine für anwendbar erklärt. Dabei hat sie auffälligerweise den Umstand außer acht gelassen, daß auch bei Genußscheinen die beiden in § 28 Abs. 1 für die Aktien berücksichtigten Beschränkungen vorkommen können und in der Tat nicht selten vorkommen.

Vgl. den Artikel in der „Frankfurter Zeitung" Nr. 223 vom 23. März 1924.

Hier wird also wieder Gleiches ungleich behandelt und das ohnehin zu Lasten der Aktien des § 28 eingeführte Privileg noch schärfer hervorgehoben.

Nach alledem komme ich zu dem Ergebnisse, daß das privilegium odiosum der im § 28 genannten Vorzugsaktien willkürlich ist. Die Regelung verstößt mithin gegen Art. 109 der RV. und ist ungültig.

Berlin-Grunewald, den 31. März 1924.

gez. Dr. Heinrich Triepel
Geheimer Justizrat
Ordentlicher Professor der Rechte an der Universität Berlin.

Druck von A. Seydel & Cie. Aktiengesellschaft, Berlin SW 61.

FSC
www.fsc.org
MIX
Papier | Fördert gute Waldnutzung
FSC® C083411

Kolibri 360 GmbH
Ferdinand-Jühlke-Straße 7
99095 Erfurt, Deutschland
produktsicherheit@kolibri360.de